레즈비언의 산부인과

레즈비언의 산부인과

이은해 지음

나만 불편해?
산부인과?

여성은 평생 산부인과에 몇 번, 언제, 왜 갈까?

처음 산부인과에 갔던 게 언제였더라? 분명 '임신' 때문은 아니었다. 그런데 '산부인과'에 대한 기억을 더듬고 있자니 심기가 몹시 불편해진다. 결혼하고 아이를 낳으면서 제법 자연스럽게 산부인과를 들락거렸건만 여전히 산부인과는 가고 싶지 않은 병원 중 하나다.

그러고 보니 결혼을 전후로 산부인과에 대한 나의 태도는 제법 극명하게 갈린다. 결혼 전에는 산부인과에 가는 것 자체가 공포와 수치심을 동반한 무엇이었다면 결혼 후에는 제법 당당해졌고 거리낌이 없어졌다. 그 이유가 뭘까? '산부인과'라는 이름 안에 답이 있다.

말 그대로 임신했거나 결혼한 여성들만 의료대상인 척하는 그 이름, 산부인과.

이 책이 원고의 형태로 나에게 처음 왔을 때 나는 십 대와 이십 대에 '산부인과'와 관련해 겪어야 했던 불편한 경험을 어렵지 않게 떠올릴 수 있었다. 어제 일도 한 달 전 일도 기억 못 하는데 몇십 년 전 일들이 너무나 자연스럽게 복기되는 경험이었다.

이 책의 제목을 '레즈비언의 산부인과'라고 붙였지만 사실 이성애자이자 기혼여성인 나도 이제 막 레즈비언으로 정체화한 지금의 그녀들과 같은 고민과 경험을 했다. 산부인과가 불편했고, 산부인과에서 만나는 질문에 답하기가 식은땀이 날 정도로 어렵고 난감했다.

그만큼 여성들이 산부인과에서 만나는 질문은 어렵다. 특히 이 책은 "성관계 유무"가 진료에 어떤 영향을 미치는지 환자인 여성들에게 한 번도 제대로 설명된 적 없다는 사실에 집중한다. 여성들은 이 불편한 질문에 대해 어떻게 대답해야 하는지 공식적으로 한 번도 제대로 설명을 들은 적 없다. 가정에서도 학교에서도 병원에서도. 그 어디에서도 말이다.

그런데 '성 경험'이라는 것이 '없다' 또는 '있다'의 단순한 대답이 가능한가? '여성'이, 그게 섹슈얼리티든 젠더든 성적으로 '경험'을 가진다는 것은 대체 어디까지 포함해 이야기될 수 있는 영역의 질문이냐는 말이다. 이건 학자들이 아직도 논란과 토론을 거쳐 합의된 대답을 내리지 못한 질문 아닌가?

그저 남성 성기=페니스가 삽입되는페미니스트들 사이에서 남성 중심적인 '삽입'이라는 표현보다 '흡입'이라는 표현을 사용하자는 것이 요즘 대세적 표현법이지만 여기에서는 사회적 통념이 여전히 여성을 중심으로 섹스에 대해 사고하지 못함을 강조하기 위해 '삽입'이라는 표현을 사용했다 섹스를 했느냐 안했느냐의 질문이라면? '삽입섹스' 자체가 산부인과 진료에 결정적이거나 중요한 변수가 되는 요인이라면 차라리 구체적이고 직접적으로 묻는 게 낫지 않나? 왜 에둘러 어렵게 질문하는가? 이제 막 가정과 학교라는 울타리를 벗어나 사회에서 여성으로 정체화하는 시기를 거치는 누구라도 공감할 것이다. "성 경험 있으세요?"라는 질문에 여성들이 오만가지 생각을 다 해야 하는 복잡한 심경을 말이다.

건강에 대해 부쩍 관심이 높아진 요즘, 실은 예나 지금이나 마찬가지로, 여성들이 집중적으로 받아야 할 의료서비스가 여성들에게 특히 어렵고 모호하며 심지어 불친절하고 불편하다는 것은 무엇을 시사할까? 성인 여성조차 보호자 없이 혼자 산부인과에 가는 게 왜 불편하고 서글프기까지 할까? 산부인과가 편했다고, 언제든지 마음 편하게 드나들 수 있다고 말할 여성이 몇이나 될까? 그러나 이 질문은 이 책을 집어들 독자들과 공감대 형성을 위한 시작에 불과하다.

저자가 하고 싶은 질문과 메시지는 따로 있다.

하나, 어째서 여성이 남성과 생물학적으로 다르기 때문에 관리되어야 할 의료 서비스를 '산부인과'라는 하나의 카테고리에 묶어 퉁 치는가? 이 의료서비스는 누구에게 합리적이고 타당한가? 이 질문을 통해 우리는 생생하게 볼 수 있다. '산부인과'로 분류된 현 의료서비스가 여성이 아닌 여성이 낳는 아이를 중심으로 그것이 마치 자연스러운 것처럼 의학적으로 사회적으로 관리되는 현실을. 임신과 출산이 아닌 이유로 산부인과를 찾는 여성들이 불편할 수밖에 없는 지점이다. 그러나 진짜 제대로 임신과 출산이 관리되려면 임신과 출산이라는 상황이 발생하기 전부터 여성들이 거부감 없이 편하게 자신의 건강을 관리할 수 있어야 한다. 이 진짜 당연한 진실은 무시되고 있다. 이 진실은 현재 전세계에서도 바닥을 찍고 있는 우리의 낮은 출산율과 과연 무관할까?

두 번째 질문은 '성 경험이 인간의 건강에 미치는 영향은 의료적으로 어떻게 관리되고 있는가?' 이다. 남성도 주로 비뇨기과에서 '성 경험 여부' 질문을 받을 것이다. 그들은 고민하는가? 성 경험이 '삽입'을 중심으로 의식화된 남성들에게 그 질문이 불편하고 어려울까? "자위는 해봤지만 성 경험은 없다"라고 이야기하는 정도의 난감함이 상상될 뿐이다. 그렇다면 여성은? 여성도 같은 대답으로 고민이 해결되나? 여성과 섹스하는 여성들은? '삽입'이 '오르가슴'이나 '성관계'에 필요충분조건이 아닌 여성들에게 '성 경험'은 있다, 없다 단순하게 답변할 수 없는 영역이 아니다. 그 영역이 얼마나 광범위하고 새로운 방향으로 증폭되는 이야기를 담을 수 있는지를 레즈비언인 이 책의 저자와 인터뷰이들이 보여주고 있다. 남성들의 개입이 절대적으로 불필요한 이 이야기를 출판하기로 결심한 지점이었다.

이 지점에서 흥미로운 이슈들도 발견할 수 있다. 꽤 오래전부터 여성들을 중심으로 '산부인과를 여성의학과로 명칭 변경하라'는 사회적 요구가 있었다는 점이다. 2020년에는 청와대 국민청원에 올라와 4만 명이 넘는 청원인이 몰렸고 의협신문이라는 매체에서는 "산부인과 →

여성의학과, 명칭 변경해 주세요!"라는 제목의 기사로 이 이슈를 자세히 다뤘다. 2021년에 〈헬스조선〉이라는 매체에서는 남녀의 뇌 구조와 생물학적인 차이를 제대로 연구해야 한다는 "뇌 구조가 다르다…여성의학 남성의학 분리해야 할까?"라는 기사도 있다. 검색포털사이트에서 '여성의학'이라고 검색하면 위키백과 등 백과사전에 그 개념이 등재되어 있기도 하다. 이번 2022년도 대통령선거에서는 어느 후보의 수많은 공약 중에 "산부인과를 여성의학과로 명칭 변경하겠다"가 포함되어 있었다. 그러나 그 후보는 대통령이 되지 못했다. 이십, 삼십 대 여성들에게 압도적인 지지를 받았음에도 말이다.

이처럼 사회적 요구가 있고 그 요구가 미디어를 통해 다시 한번 조명을 받았으며 정치적 흐름에까지 반영되어서인지 조금씩 변화는 있다. '여성의학과', '여성의학'이라는 명칭을 사용하는 변화의 바람이다. 강원도 인제의 보건소에 '여성의학과'가 개설되었고 서울 강남의 어느 병원에도 '여성의학연구소'가 새롭게 설립되었다. 물론 여전히 '임신'과 '출산'에 초점을 맞춘 시도로 보인다는 점은 못내 아쉽다.

그러나 여성가족부가 인구가족부가 될 운명에

놓인 이 시점에 '여성의학'이 이름을 찾아간다는 사실은 다행을 넘어 희망이 되어야겠다. 언제나 그렇듯 여성에게는 '성공'보다 '생존'이 늘 우선과제였기에. 특히 젊은 여성들, 여성을 사랑하는 여성들에게 가볍게 다가가 든든하게 곁을 지켜내길 바라는 마음으로 이 책을 만들었다.

이제 여성을 사랑하는 여성들의 성 경험에 대한 이야기가 '산부인과'와 어떻게 불편하게 만났는지 공감할 준비를 하고 페이지를 열어 보시라. 생각보다 유쾌하고 밝은 에너지에 놀랄 것이다. 그리고 레즈비언이 아님에도 공감할 수 있어 반가울 것이다. 만약 지금 이 책을 펼친 당신이 레즈비언이라면 다행이라고 느낄 것이다. 다행이라는 안도감은 "나만 이렇게 느낀 게 아니었구나"라는 강력한 위로와 공감의 유레카다.

딱 그 유레카를 경험하길 바라며….

덧붙이자면, 이 책에 삼사십 대 이상의 레즈비언 여성들의 인터뷰가 실리지 않아서 아쉬웠다. 이제 막 레즈비언으로 정체화한 젊은 여성에게 이 사회에서 레즈비언으로 살아남아 노년을 준비하는 그녀들이 따뜻한 조언을 건네줄 수 있었다면 얼마나 좋았을까? 서로를 따뜻하게 바라보는 레즈비언의 세대 간 이야기가 곧 나올 수 있었으면 좋겠다. 물론 이프북스의 문은 언제나 활짝 열려 있다.

글 조박선영

차례

프롤로그   나만 불편해? 산부인과? 4

들어가는 말   성관계? 경험? 있으세요? 14

등장인물 소개

여성을 사랑하는 여성 22

1부 — 방문과 검사

차별하지 않는 '좋은' 병원 찾아요 28

성관계 경험 있으세요? 43

스톱워치와 만보기 섹스 58

굴욕의자 말고 진료의자 68

2부 —— **여성의 몸**

처녀막 각서 쓰기 76

진짜 여성으로 태어나기 93

자신의 몸을 모르는 여자들 98

산부인과 NO 여성의학과 YES 107

갈 곳 잃은 여성들 113

맺음말 —— **어디서 어디로 갔는지 모를 그들**

고민도 대화도 정보도 솔직하고 정확하게

나누고 싶어서 122

감사의 말 126

참고 자료 128

부록 전국 여성의·병원 리스트 129

성관계? 경험?
있으세요?

"레즈비언이 산부인과에 갈 확률은 얼마나 될까?"

이 질문에 사람들은 과연 어떤 대답을 할까? 사실 이 질문의 답은 중요치 않다. 이 질문 자체가 의미없다. 이 질문에 대해 조금만 더 생각해보면 참 이상한 질문이라는 것을 알 수 있다. 그럼에도 혹시 0%에 수렴하거나 혹은 0%라고 생각했다면 당신은 산부인과는 임신과 출산만을 다루는 곳이라 여기고, 레즈비언은 그와 연관이 없다고 생각했을 가능성이 높다. 그렇다면 당신에게는 이 이야기가 반드시 필요하다.

　　　이 질문을 생각하게 된 건 스무 살 때였다. 나는 국가건강검진 대상이었고, 항목에는 자궁경부암 검사가 포함되어 있었다. 아무 생각 없이 전화를 건 병원에서 문제가 발생했다. "자궁경부암 검사받으실 거예요?" 당연히 받겠다고 했고, 간호사는 나에게 "성관계 경험 있으세요?"라고 물어봤다. 뭐라고 대답해야 할지 혼란스러웠다. 왜냐고? 난 레즈비언이니까.

은해   "성관계 경험 있으세요?" 이 말 듣자마자 갑자기 머릿속이 엉망이 된 거야. 뭐지? 레즈섹스도 포함인가?

엘모[1]   맞아 그거 생각하게 된다니까? 잠깐만요… 하면서.

은해   그니까. '아, 우리나라 그렇게까지 열리지 않았는데 아직…' 혼자서 이런 생각했지. 결국 당연히 이성애 중심일 거라 생각을 하고 "아니요 해본 적 없어요" 이렇게 얘길 했어. "아, 그러면 검사 안 받으셔도 돼요" 이러는 거야. 이제 또 그거지 "엥? 안 받아도 된다고? 진짜로?"

엘모   이거 의심병 생긴다니까?

---

1 인터뷰 참가자 중 한 명이다. 인터뷰이의 등장인물 소개는 다음 파트에서 등장한다.

은해   아닌 거 같은데, 아니라고 하니까 또 받아야 할
        것 같고…. 인터넷에 찾아봤어. '자궁경부암 검
        사', '레즈비언' 이러면서…(웃음) 그런데 사람
        들이 다 카더라[2]인거야. "나랑 잤던 여자가 한
        번이라도 남자랑 잔 적이 있으면 받아야 된다"
        이런 얘기도 있고….

엘모   그런데 손가락만 쓰는데 굳이?

은해   이게 입으로도 이제 감염이 된대. 그런데 이것도
        카더라야. 심지어 이것도 정확하지 않아.

엘모   만약에 감염자가 입으로 하는 입장이면 안 걸리
        는 거 아니야?

은해   그것도 이제 궁금한 거지.

엘모   아는 게 뭐임? 생각해보니까?

        엘모의 말처럼, 우리는 아는 게 뭘까? 우리는 아
는 게 하나도 없고, 접근해서 찾아볼 정보도 없다. 그렇다
면 병원은 뭘 알고 있을까? 모르고 있다면 왜 모르고 있
고, 왜 연구하지 않았는지도 궁금하다. 혹시라도 알고 있

---

2   경상도 사투리에서 유래된 말로 입에서 입으로 전해져서 진위 여부를 알 도리가 없는
    사실

다면 왜 우리에게 말해주지 않는 것인지, 방황하고 혼란스러운 우리를 왜 도와주지 않는 것인지…. '왜'라는 질문에 담긴 분노가 가라앉지 않는다.

병원에서의 성관계 경험 여부는 도대체 무엇을 의미하는가? 동성과의 성관계도 포함인 것일까? 아니면 임신 가능성 여부를 물어보는 것일까? 검사를 위한 기구가 삽입되는 것이 이유라면, 삽입 자위를 했다면 상관없는 것이 아닌가? 정혈컵이나 탐폰을 사용하는 사람은? 애초에 검사를 하는 데 있어 성관계 경험 여부가 무슨 의미를 내포하고 있는 것인가? 성관계 경험이 있다고 하면 남성과의 성관계로 착각한 오진이 발생할 수 있고, 아니라고 말하면 성관계에 관련한 모든 것을 제외해버릴 것 같아서 두렵다. 결국 이 시발점, '성관계 경험 여부는 도대체 무엇을 의미하는 것일까?'라는 질문은 또다시 수많은 질문 꼬리를 만든다.

은해   이제 이 문제에 대해서 자료를 좀 모으려고 했어. 그런데 의료 연구 결과나 처방전 같은 경우가 전부 몸무게 70kg의 성인 남성 기준으로 되어 있는 거 알고 있었어?

엘모   이런….

은해   그런데 그 중에서도 동양인 남성은 포함이 안
        되어 있다?

엘모   인종차별도 당하고 성차별도 당하네.

은해   모든 게 이성애 백인 남성 중심인 거야.

리서치를 하고자 손가락 몇 번 움직였을 뿐인데
나는 한 번에 알 수 있었다. 이성애 백인 남성 중심 사회
를 살아가는 지금, 의료산업에서조차 레즈비언과 여성은
철저하게 배제되어왔다는 것을. 약간의 노력으로도 충분
히 깨달을 수 있을 만큼, 의료산업 또한 여성에게 그 어떠
한 노력을 보일 의지조차 없다.

혹여 이 문제에 대하여 '나는 믿을 수 없으니 근
거를 내놓아라. 어디 있느냐?' 한다면, 그건 내가 굳이 이
책에서 언급하지 않더라도 똑똑한 여성이 굉장히 두꺼운
책으로 논리정연하게 기술해놓은 책에 나와 있다. 이 책
을 한 번쯤은 꼭 읽어보길 바란다. 캐럴라인 크리아도 페
레스 작가의 《보이지 않는 여자들》이 바로 그것이다. 총
463페이지의 이 책은 우리가 남성 중심 사회에서 어떻게
배제되어왔는지 광범위한 통계 자료와 풍부한 사례로 보

여주고 있다. 이 책만으로도 이 세상이 얼마나 이성애 백인 남성 중심 사회인지 충분히 설명이 가능하다. 만일 이 책에 한국이 얼마나 남성 중심 사회로 굴러가고 있는지 근거를 제시한다면, 이 책은 백과사전보다 더 두꺼워질 것이다.

이 책을 쓰기 위해 '산부인과'를 주제로 여성과 이야기를 할 때마다 항상 충격적인 이야기를 들었다. 사회에서 터부시되는 이런 주제를 말하고 싶어 하는 사람이 있긴 할까 굉장히 조심스러웠다. 하지만 한 번 입을 떼기 시작한 여성들에게서는 수많은 이야기들이 쏟아져 나왔고, 나는 그 이야기들을 열심히 담아내기에 바빴다. 세상에 내보내야 할 말이 이렇게나 많았다니, 지금 읽고 있는 이 모든 이야기는 내가 들었던 수많은 이야기 중 일부에 불과하다는 것을 거듭 밝힌다.

나는 이 이야기를 위하여 다양한 방법으로 여성들과 이야기를 나누었다. 그 중 하나는 설문조사였다. 여성들의 산부인과 방문 경험에 관한 설문조사는 이미 다른 단체나 기관의 결과들이 인터넷에 공개되어 있었지만, 내가 따로 설문조사를 한 이유는 여성들 중에서도 특히 레즈비언에게 집중했기 때문이다. 레즈비언은 산부인과에 얼마나 방문하고 있는지, 방문했다면 어떤 목적이었는지 궁금했다. 그들은 산부인과에서 묻는 '성관계 경험 유무'라는 질문을 어떻게 생각했는지, 그들의 의견은 무엇인지 최대한 많은 이야기를 듣고 싶었다. 총 스물한 명의 레즈비언이 이 설문조사에 응해주었다. 설문조사라고 하기엔 굉장히 초라한 숫자이지만 스물한 명의 레즈비언들의 응답은 이 이야기 발판이자 내 원동력이 되었다.

다음은 초점 집단 익명 인터뷰였다. 아홉 명의 레즈비언이 한자리에 익명으로 모여 이야기를 나누게 되었다. 질문의 초점은 정체성과 연결하여 문제의식을 확장할 수 있는 단어와 질문들을 필자가 던지고, 참여자들이 자유롭고 편안하게 대화를 이어나갈 수 있도록 했다. 다양한 이야기와 다소 거친 표현들이 오갔다. 정보를 공유하며 분노만을 표출하는 것이 아닌 농담을 주고받으며 웃기도 하고, 서로에게 공감하며 이야기를 나누었다.

마지막 단계로 개인 심층 인터뷰였다. 다섯 명의 여성을 만났다. 각기 다른 여성의 경험 속에서 그들의 분노와 슬픔, 답답함을 보았다. 인터뷰를 진행하는 과정에서 나는 분노와 슬픔의 경계에 있다고 생각했는데, 실은 서러움에 더 가까웠던 것 같다. 이때쯤 나는 그래도 나름이 주제에 대해 찾아보고 공부해서 (이 문제가 얼마나 심각한지) 어느 정도 알고 있다고 생각했는데, 다른 여성들의 이야기를 들으면 들을수록 아무것도 모르고 있었다는 걸 깨닫게 되었다. 충격받고 슬퍼할 일이 더 이상은 없을 것 같았는데, 이 넓은 세상에는 너무나도 다양한 일들이 발생하고 있었다.

이성애 남성 중심 사회가 의료산업에서조차 레즈비언들이 불편을 겪고, 부당한 대우를 받도록 만들었다. 비단 이것은 개인의 문제라거나 사적인 문제로 치부될 것이 아니다. 여성들이 자신의 성기, 몸, 신체, 섹스에 대한 이야기를 부끄럽게 여기지 않기를 바란다. 모든 여성이 산부인과에 물음을 던지고 파장을 일으키는 것이 내가 글을 쓰는 현실적인 목표이자 곧 의의다. 잔잔한 웅덩이에 작은 돌멩이를 던지더라도 그 물결은 널리 퍼진다. 이 책이 작은 돌멩이가 될 수 있다면 그것만으로 가치가 있다. 모든 여성이 부정적인 시선에서 벗어나 불편하고 두려운 마음 없이 편안하게 자신의 건강을 지켜낼 수 있었으면 한다. 개인의 사적인 경험일 뿐이라는 이유로, 또는 성(聖)스럽지 않다는 이유로 묵살되어온 여성들의 목소리는 이제부터 시작이다.

여성을
사랑하는 여성

아무리 내가 '남친'이란 단어 대신에 '애인'이란 단어를 쓰고, 내 애인의 모습을 한 번도 보여주지 않고, 나의 연애 대상을 특별 성별에 지정하여 말하지 않더라도 이성애가 전부라고 믿는 이 세상에서는 모두 내가 남자를 만날 것이라고 생각한다. 이런 세상에서 여성을 사랑하는 여성으로 살아간다는 건, 솔직히 별거 없다. 드라마틱한 무언가 있는 것도 아니고, 그저 한 사람이 다른 사람을 사랑한다는 데 무엇이 다르겠는가.

그런데 나는 위 문단을 쓰면서 한참을 망설였다. 참 복잡하게도, 양가적인 마음이 들기 때문이다. 우리를 보는 시선들 속에 사회의 편견이 가득해서, 그 시선을 이

거내며 사랑을 유지하느라 이 애틋한 사랑이 소중하고 특별하다고 생각하다가도, 이 생각이 잘못된 건 아닐까 생각한다. 이성애자들에게 '너희가 하는 이성애와 똑같은 사랑이야'라고 말하고 싶은데, 한편으로 우리의 사랑은 더욱 애틋하다고 생각하니 말이다. 그러니 퀴어 영화에서 자꾸 성소수자를 애틋하고 슬픈 사랑으로 묘사하는 게 아닐까? 예를 들어서, 정말 사랑하는 애인과 어쩔 수 없이 사회의 시선이나 편견 혹은 부모의 차별 때문에 헤어져야 했다든지. (실제로 그런 사례가 많긴 하지만) 난 그래서 별거 없고 싶다. 우리는 애틋하고 특별하다고 말하고 싶지 않다. 애틋함은 불행하게도 별로 유쾌하지 않다.

며칠 전 아는 언니와 걸으면서 푸념하듯 나눈 이야기가 있다. 대다수의 이성애자 친구들은 자신의 남자친구와 결혼을 할까 말까를 고민하고 있는데, 나는 이 사람과 결혼을 할까 말까를 생각하기보다 (이 나라를 떠나지 않는 이상 우리는 결혼하지 못하지만) 우리의 관계가 누군가에 의해 밝혀지거나, 우리가 손을 잡고 걷는 게 남들에겐 이상하게 보이진 않을지, 괜히 레즈비언이라고 욕먹진 않을지 고민하고 있다는 것이다.

이 이야기를 왜 했냐면, 내 인터뷰이가 모두 여

성을 사랑하는 여성이기 때문이다. 이 책은 앞서 말한 심층 인터뷰에 참여한 다섯 명의 대화를 중심으로 흘러간다. 앞으로 이들의 유쾌한 농담과 진지한 분노를 계속해서 마주할 테니 이들의 간단한 자기소개를 공개한다.

사과 (22/여성/레즈비언)

안녕하세요. 레즈생태계에서 세상을 배운 왕뼈레즈 사과입니다. 제가 여성의학과에서 겪었던 불편한 경험들이 다른 여성들도 겪는 그저 '당연한' 일이라고 생각했는데요. 인터뷰를 하고 나서 제가 의료진들에게 들었던 불쾌한 질문들이 결코 당연한 게 아니라는 것을 깨달았습니다. 그리고 그 질문들은 환자가 레즈비언일 수 있다는 전제가 없었기 때문에 이러한 일들이 생겼다고 생각하게 되었어요. 어디에나 있는 레즈비언들의 존재가 지워지는 일이 더 생기지 않도록, 서로 존중하고 존중받는 세상이 빨리 다가왔으면 좋겠습니다.

준희 (2n/여성/레즈비언)

여자가 너무 좋은 2n살 레즈비언 준희입니다. (다큐멘터리 작품

'톡톡 깨도 돼'[3]라는 제목의 제안자이기도 합니다.) 최대 관심사는 언제나 여자입니다. 여자를 사랑하는 여자이다 보니 여성들의 목소리에 더욱 관심을 가지게 되었습니다. 앞으로 계속 이렇게 살겠습니다.

엘모 (2n/여성/레즈비언)

안녕하세요. 2n년간 여성만을 사랑해온, 뼛속까지 깊이 레즈비언다운 삶을 살아온 만생입니다. 저와 비슷한 경험과 생각을 해온 이 작지만 넓은 땅덩어리 속 레즈비언 여러분께 심심한 위로와 가벼운 유머가 담긴 말들이 가감 없이 전해지길 바랍니다. 감사합니다.

포토 (2n/여성/바이섹슈얼)

저는 포토(20대, 구직중)입니다. 바이섹슈얼이며 설문조사 참여와 심리테스트를 좋아해 친구나 친척, 그냥 지나가는 사람의 과제나 연구에 인터뷰이로 참여하고 있습니다. 독자분들 중 인터뷰이/알바 대타/밥 같이 먹을 사람이 필요하신 분이 계신다면 저를 불러주세요. 지금 나갑니다.

---

3 필자가 2021년에 제작한 동일한 주제를 다룬 27분 분량의 애니메이션 다큐멘터리이다. 한예종 방송영상과 제17회 졸업&정기 상영회에서 상영했다.

안녕하세요. 탐수입니다. 작년 가을 저는 매주 산부인과에 출석하고 있었고, 마침 은해가 레즈비언의 산부인과 경험을 주제로 인터뷰를 준비하고 있다는 소식이 들려왔습니다. 레즈비언 여성으로서 겪은 경험을 함께 공유하고자 흔쾌히 인터뷰에 참여하면서, 덕분에 저도 다짐을 새로 새기는 동기를 갖게 되었습니다. 여성의 몸이 어떠한 이유로도 흔들리지 않고, 여성인 나에게 온전히 안착할 수 있는 탈 가부장 사회를 만들어나가겠다는 다짐이요. *jot gotten Patriarchy* 도저히 이해할 수 없는! 속에서 이성애 중심적인 시스템을 비판하는 모든 레즈비언 여성분들을 응원합니다!

*요즘 푹 빠진 취미 추천하고 갑니다. 모두 클라이밍(볼더링) 하세요.

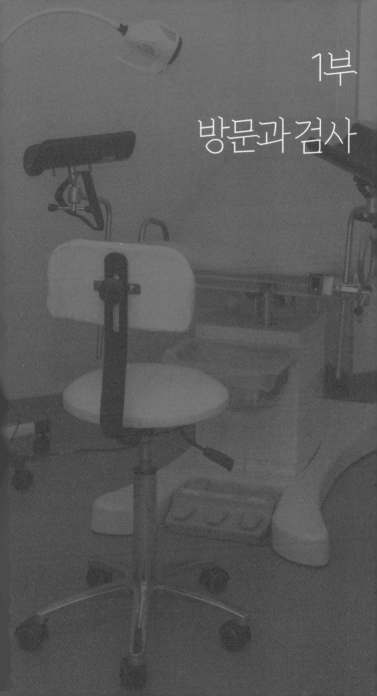

1부

방문과 검사

차별하지 않는
'좋은' 병원 찾아요

탕수   (산부인과에 방문한 게) 나는 올해 갔었고, 지금 시점이랑 얼마 안 떨어진 한두 달 전 그 사이부터 한 세네 번 정도 갔던 것 같아.

은해   꽤 많이 방문했네.

탕수   치료 같은 걸 하려고. 질염이 있어서 주기적으로 갔던 거고. 사실 처음에 갔던 이유는 성병 검사를 목적으로 방문했고, 가서 일단 그때 내가 시간이 없으니까 딱 그냥 검사만 해야지 하고 가장 가까운 산부인과를 찾아서 갔다?

그리고 이제 처음 갔으니까 접수를 하고 안내데스크에서 조금 기다리다 보니까 (간호사가) 상담실로 안내를 해 주는 거야. 그래서 로비랑 약간 분리되어있는 그런 상담실이었고, 또 그 상담실이 되게 폐쇄적이지 않고 약간 불투명한 유리 형식이라서 뭐라 해야 될까? 조금 개방적이고 심적으로도 안정감까지는 아니더라도 뭔가 어… 조금 안전한 분위기를 위한 그런 상담실을 꾸며놨다는 느낌이 들었달까? 모르겠어.

여튼 거기에서 이제 좀 길게 상담을 했어. 상담실에 상담 간호사랑 나 둘만 마주 보고 앉았는데, 간호사님이 내 인적사항이나 진료목적을 알아야 하니까 설문지를 주면서 왜 왔냐고 물었고, 나는 그냥 툭 까놓고 말했거든. 성병 검사하러 왔다고. 그랬더니 성관계를 한 적이 있냐더라고. 그래서 있다, 그런데 이제 내가 온 이유가 그 여성분과 성관계를 했는데 그때 이제 섹스토이를 공유하기 때문에 성기 간 간접 접촉이 있었고, 그런데 그 친구가 어떻게 해 가지고 나한테도 성병 검사를 받아보라 권유를 하길래 오게 되었다고 말했지.

탕수는 질염과 성병검사를 이유로 병원에 방문했다고 말했다. 탕수의 이야기는 내게 다소 충격이었다. 인

터뷰를 진행한 여러 여성들 중 유일하게 산부인과에 대해
긍정적인 경험을 지니고 있었다. 그리고 인터뷰이 중, 아니
내 주변 여성들을 통틀어 여성과의 성관계를 병원에 솔직
하고 구체적으로 털어놓은 몇 안 되는 사람 중 하나였다.

특히 탕수는 오픈 데스크와는 달리 별개의 상담
실이라는 공간에서 자세한 이야기를 나눌 수 있었고, 그
상담실이 '안정감을 주었다'고 했다. 탕수의 이야기를 들
으며 생각했다. 만약 나도 별개의 상담실이 있는 곳에서
상담을 진행했다면, 다 털어놓고 제대로 된 진료를 받을
수 있었을까? 의료진이 아닌 다른 사람의 시선에서 벗어
날 수는 있겠지만, 그래도 힘들었을 것이라 예상한다.

결국 처음 보는 사람에게 내가 레즈비언임을 밝
히는 것이 쉽지 않은 일이니 말이다.

탕수 이렇게 나는 그냥 다 설명을 했는데. 거기에 대
   해서 되게 뭐 당황하실지, 어떤 반응할지 난 몰
   랐어. 그냥 말을 했어. 일단 정확하게 말을 해야
   지 내가 도움을 받을 수 있는 거니까.

탕수의 마지막 말은 그 자체로 중요하다. 정확

하게 말을 해야만 원하는 도움을 얻을 수 있다. 그래야만 제대로 된 진료를 받을 수 있다. 성관계 여부를 묻는 질문에 그 의도를 남성과의 성관계라 생각하고 '성관계 없음'이라 대답했을 때 돌아올 오진의 가능성을 염두에 두어야 한다. 성관계와 관련한 모든 질병을 당신에게 해당 없으리라 생각하고 제외할테니 말이다.

물론 반대의 사례도 있다. 내가 질염으로 산부인과를 방문했을 때, 늘 그렇듯 성관계 경험 여부를 질문받았다. 남성과 성관계를 가진 적 없지만, 여성과의 성관계는 있으므로 아무 부가적 설명 없이 '성관계를 한 적 있다'라고 말했다. 검사가 끝나고 나서 의사 선생님은 나에게 "남자친구랑 관계하실 때 꼭 콘돔 착용하시고 청결하게 하세요"라고 말씀하셨다. '선생님, 제 몸에는 남성의 성기가 들어온 적이 없어요'라고 말하고 싶은 마음이 굴뚝같았지만 내가 할 수 있는 거라곤 알겠다는 대답과 함께 약을 받아 집으로 돌아오는 것이었다. '제대로 된 진료를 받은 게 맞을까?'하는 생각에 휩싸여 잠깐 동안 불안 속에 있었고, 그토록 무력감을 느낄 수 없었다. 다양한 가능성을 염두에 두지 못한 잘못된 병원 시스템과 진료체계가 여성들을 이렇게 고민하게 만들고 괴롭게 한다.

'차별하지 않는 병원에 갔다'는 이유로 다행스럽게 여기며 기뻐한다. 아이러니하지 않은가? 여성들은 서로에게 어느 산부인과가 괜찮은지 정보를 공유한다. 편안하고 안전한 분위기에서 치료를 '제대로' 받을 수 있는 산부인과를 찾기 위해 고군분투한다. 때로는 수소문과 끝없는 리서치를 통해 알아낸 괜찮은 병원에서 진료받기 위해 왕복 세 네 시간 걸려 병원에 다녀오기도 한다.

인간으로시 존엄과 가치, 행복을 추구하기 위한 기본적 권리 중 하나는 건강권이다. 보건의료기본법은 모든 국민은 법률이 정하는 바에 의해 자신과 가족의 건강에 관해 국가의 보호를 받을 권리를 가지며, 성별·연령·종교·사회적 신분 또는 경제적 사정 등을 이유로 자신과 가족의 건강에 관한 권리를 침해받지 않는다고 규정하고 있다. 그러나 과연 여성들은 자신의 건강권을 침해받지 않고 있다고 확신할 수 있을까? 모든 의료 관련 연구 결과와 처방전이 남성 기준으로 되어 있는 건 말할 것도 없다.[4] 그런

4 Baird KL. 1999; The new NIH and FDA medical research policies: targeting gender, promoting justice. J Health Polit Policy Law. 24:531-565. DOI: 10.1215/03616878-24-3-531. PMID: 10386326.
Wenger NK. 2004; You've come a long way, baby: cardiovascular health and disease in women: problems and prospects. Circulation. 109:558-560. DOI: 10.1161/01.CIR.0000117292.19349.D0. PMID: 14769673.

데 우리는 처방전을 받기도 전부터 단지 젊은 여성이라는 이유로, 여성을 사랑하는 여성이라는 이유로 병원에 가는 것 그 자체를 망설이고 있다. 제대로 된 진료를 받을 수 없는 고통과 건강권 침해에 대한 책임은 부끄러워하고 수치스러워하는 우리의 잘못인가 아니면 이 인식과 시선을 만든 사회와 국가의 책임인가? 실제로 2014년 〈한국 LGBTI 커뮤니티 사회적 욕구조사 설문조사〉를 보면, 응답자 중 47%는 의료기관에서 성소수자를 차별하거나 배제하는 일이 종종 또는 자주 일어난다고 응답했다. 이런 이유로 실제로 레즈비언 환자들이 산부인과 진료와 암검진을 덜 받고 있다고 한다.[5]

은해   우리 감기 걸렸다고 해서 막 감기 진료 잘하는 병원 이러면서 찾아보지 않잖아. 감기 차별 안 하는 병원 안 찾잖아.

엘모   제가 여잔데 감기에 걸렸어요. (웃음) 차별하지 않는 병원 찾습니다. 이러면서.

은해   제가 퀴어인데 감기에 걸렸고요. 퀴어 차별하지

5   성적지향·성별정체성법정책연구회 (2014) 「한국 LGBTI 커뮤니티 사회적 욕구조사 최종보고서」 한국게이인권운동단체 친구사이

않는 병원 찾고요….

포토 질염은 거의 감기 수준으로 내가 몸이 안 좋으
면 찾아오고 그러는데 감기가 왔다고 해서 감기
진료 잘하는 곳 두 시간 거리까지 가야 해? 이게
너무너무 화가 나.

은해 그렇게 서치하고 서치하고 서치해서 찾아봐야
한다는 게.

엘모 아니 감기 기운 조금만 있어도 내과 가는 건 당
연하게 여기면서. 왜 산부인과는 그렇게 안 보려
고 하지?

요즘 몸이 안 좋아서 감기에 걸렸다. 이비인후과를 가야 하는
데, 내가 여성을 만나는 것에 편견 없는 이비인후과가 있을까?
병원마다 내가 감기인지 아닌지 다 다르게 말해서 어느 병원이
진료를 잘해줄지 찾아봐야겠다. 의사에게 여자와 만나 감기에
걸린 사실을 말하는 게 두렵다. 어쩌다 젊은 여성이 이비인후과
에 왔는지 한심한 눈빛으로 날 바라보는 것 같다. 날 발랑 까진
아이라고 생각하고 있으면 어쩌지? 엄마는 내가 이비인후과 가
고 싶다고 하면 뭐라고 하실까? 그런 곳은 젊은 여성이 가면 안
되는 곳이니까 알아서 나을 거라고 하시겠지. 엄마 눈을 피해서

먼 곳으로 가야겠다.

　　이 문단은 참 이질감이 드는 이야기다. 우리는 평소에 저렇게 생각하지 않기 때문이다. 그렇다면 산부인과는 이비인후과와 무엇이 다른가? 그저 진료를 보는 신체 부위가 달라졌다는 이유 하나만으로 이렇게나 큰 차이가 발생할 수 있는가? 우리는 감기에 걸렸다고 해서 편견 없이 편안한 분위기에서 불편한 눈초리 받지 않고 감기 진료를 받을 수 있는 병원을 그렇게 열심히 찾아가지 않는다. 그저 가까운 이비인후과를 찾아갈 뿐이다.

　　그런 면에서 탕수는 '운이 좋은 사람', 나는 '운이 나쁜 사람'에 해당했다. 나의 레즈비언이라는 정체성을 밝혀도 괜찮을 만한, 놀라지 않고 자연스럽게 그것을 받아들일 수 있는 "퀴어프렌들리한" 산부인과, 조금이라도 개방적인 것 같은 곳, 그리고 의사가 여성인 곳을 찾아 한참이나 고민하고 헤매다 왕복 네 시간 거리에 있는 산부인과에 다녀온 나는 운이 나빴다. 그리고 여기 운이 나쁜 사람이 한 명 더 있다.

사과　　이제 그 생리가 안 나와 가지고 그거 때문에 갔었는데, 거기서 조금 치욕스러운 일들이 좀 있었어요. 그때는 그 인포메이션 데스크 사람들이 이제 처음에 저를 데리고 약간 작은 방 같은데 데리고 가서 이제 성관계 유무를 물어보고 제가 없다고 했는데, 그때 이제 엄마가 옆에 계셔 가지고 엄마가 "왜 무슨 일인데" 이러면서 따라오는 거예요.

그래서 그때 약간 더 엄마가 옆에 있으니까 "아, 아니 아니 없어요" 잠깐 강하게 부정하고, 그리고 인포메이션 계시는 분들도 막 "따님께서 이거 이걸 물어봐야 진료가 가능해서 여쭤본 거다" 이러면서 그렇게 얘기를 하길래 '아니 이걸 엄마한테 말할 거면 왜 나를 작은 방으로 데리고 갔지?' 이런 생각이 들더라고요.

그리고 그때 저는 당연히 남성과의 관계를 물어보는 줄 알고 없다고 대답을 했고, 만약에 있었어도 저는 옆에 엄마가 있어서 솔직하게 대답하지 못했을 것 같아요. 차라리 진료실에 들어가서 뭐 의사가 직접 진료하기 전에 물어본다던가. 그거였으면 상관없긴 한데 너무 오픈된 데스크 작은 쪽방 사람들 다 보는 그 자리에서 그렇게 물어보니까 기분이 좋지는 않더라구요.

사과는 생리가 나오지 않아 산부인과에 방문했다. 사과는 '치욕스러운' 일이라 묘사할 정도로 산부인과에 굉장한 트라우마를 가지고 있었다. 그러나 사과에게도 탕수와 유사한 '상담실'과 '상담절차'라는 게 있었다. 물론 사과는 보호자인 어머니가 함께 있었고, 어머니가 옆에 있었기 때문에 더욱 대답하기 힘들었을 것이라는 차이점이 있긴 하다. 그럼에도 사과는 말한다. '너무 오픈된 데스크 작은 쪽방 사람들 다 보는 그 자리'였다고. 또 나는 생각한다. 그렇다면 사과가 탕수가 간 병원에 갔더라면 어땠을까? 탕수처럼 불투명한 유리로 된 안정감을 주는 상담실이라는 공간에서 질문을 받았다면?

그러나 나는 곧이어 그 생각을 그만 두었다. 지금 이 문제에서 중요한 건 상담실의 유무가 아니다. '좋은 병원' 탐색하기가 아니라는 말이다. 당연히 병원에 가면 제대로 된 치료를 받아야 하는 것이 마땅하다. 가장 큰 문제는 산부인과에 이러한 절차나 체계가 공통적으로 준비되어 있지 않다는 것이다. 나는 세 번의 산부인과 방문 경험에서 상담실이나 상담절차는 한 번도 겪어보지 못했다. 좋은 병원을 찾으려 여성들이 애써야 하는 이 환경이 잘 못되었다. 모든 병원이 여성을 위해 어떠한 체계를 구성해야 한다. 모두가 편안하고 안정된 환경에서 자신의 몸에 대해 말하고 진료받을 수 있도록 말이다.

산부인과를 주제로 시작해서 의료계 인종차별, 성차별, 성 소수자 차별 문제만으로 충분히 머리가 아프고 분노가 끓어오르는데, 이게 끝이 아니다. 지역 차별도 추가된다. 한국의 정치, 경제, 사회, 문화의 모든 부분이 서울에 집중되어 있는 이 서울공화국에서, 의료계도 예외는 아니었다.

이들에게는 진료를 잘 봐줄 수 있는 좋은 병원을 찾는 게 문제가 아니다. 우선 그럴 정도의 인프라가 구비되어 있지 않은 게 대다수고, 기대할 수조차 없다. 이들이 가장 걱정하는 건 소문과 시선이다. 그 때문에 한참 먼 곳으로 병원을 가야 했던 사람이 있었다. 포토다. 포토는 보건 의료인인 어머니 덕분에 중학생 때 자궁경부암 백신을 맞으러 처음으로 산부인과에 방문했다고 한다.

포토 산부인과를 맨 처음 갔던 건 시골에서 살았는데 그 시골은 군이었어. 시 단위가 아니라 군, 읍 이렇게 되는 단위. 그런데 거기는 동네가 좁아.

은해 그치.

포토 그래서 치과, 내과, 외과 이런 남들에게 보여줘도 되는 거 외의 정신과라든가 산부인과 같은 경우에는 약간 터부시되는 게 있었어. 그렇기 때문에 산부인과를 한시간 정도 걸리는 시에 있는 데로 갔어.

은해 내가 여태까지 이야기 나누었던 친구들은 거의 서울에서 태어나 살아온 친구들이었고, 다들 이제 성인이 된 이후에만 갔던 친구들이란 말이야. 나도 스무 살 돼서 서울에서 자취하기 전까지는 되게 시골 동네에서 살았었거든. 나도 읍에서 살았거든. 그런데 그때는 이제 산부인과 갈 일이 없었으니까 몰랐는데 지역적인 문제도 관여를 한다는 걸 알아채지 못한 게 부끄럽다.

포토 동네가 좁으니까 들어가기만 해도 소문이 나는 거지. 그니까 잘 안 데리고 가려고 하지. 그래서 동네에 있는 산부인과는 애 낳을 때만 가는, 아이를 가진 분이 이제 아이의 상태를 긴급하게 진단하고 싶은데, 시에 갈 여력이 없을 때만 군에 있는 병원에 가는 거야. 그럴 때만 가는 곳이고 어린이가 가면 안 되지, 라는 인식이 있었어. 지금은 몰라. 하지만 그땐 그랬어.

내가 살았던 동네도 똑같았다. 심지어 난 우리 동네에 산부인과가 어디에 있는지 지금도 모른다. 돌이켜보면, 중학생 때 동네에서 '누가 지난주에 산부인과 갔다더라' 라는 이야기를 들은 게 기억이 난다. 문제는 이야기가 거대하게 부풀려져서 '임신했다더라', '배가 나온 걸 봤다더라'까지 소문이 났던 걸로 기억한다.

산부인과를 오로지 임신만으로 직결해서 생각한다는 점, 어린 여성이 홀로 산부인과를 찾았을 때 사람들의 시선과 생각, 한 여성의 사생활에 대한 침해…. 짚고 넘어갈 문제가 한두 개가 아닌데 그때는 아직 페미니즘을 접하기 전이라 뭐가 문제인지도 모르고 그저 듣고 잊었던 것 같다. 왜 우리에게 아무도 이것이 문제라고 알려주지 않았을까. 교육이라도 잘해주었다면 이런 문제는 없지 않았을까. 다시금 생각해본다.

지금은 이제 카카오맵이나 네이버지도 리뷰가 좀 활성화가 돼 있는데 그때까지만 해도 서비스는 개발되었지만 그렇게 활성화되어 있지 않았던 걸로 기억하거든. 그래서 그냥 그 당시에는 산부인과를 쳐서 나오는, 집에서 가깝되 그렇게 가깝지는 않은 곳으로 갔어. 이게 무슨 이야기냐면 우리 엄마가 뭔가를 보고 당장 달려갈 수 없는 위치에 있으면서도 내가 직접 찾아갈 수는 있는 거리로 찾아간 거지.

뭐 여의사인지 남의사인지 이런 걸 알아보고 그럴 건 없었어. 그렇게는 못 했어. 그렇게 전화해서 물어볼 용기 같은 건 없었던 거지. 그니까 거리만 보고 가는 거야. 결론은 어릴 때는 거리가 제일 중요했다. 어릴 땐.

지금은 각종 리뷰를 다 찾아보고 여의사 진료면 좋기는 한데, 여의사라고 해서 다 그렇게 막 친절하고 그렇지 않잖아. 그리고 나의 상황에 대해서 이해를 해 주진 않으니까. 그래도 여의사라는 키워드로 검색을 하고 거리는 아무리 멀어도 상관없어. 멀어도 상관없고 가격도 상관없어.

우리는 이 세상에서 어느 위치에 살고 있는 걸까? 사회에서 나는 '동양인', '동성애', '여성'이라는 세 개의 정체성이 부딪치면서 지속적으로 상기하고 분노한다. 혹시 백인 이성애 남성이 스스로 '백인 이성애 남성의 기준에선 말이야'라고 소개하는 것을 본 적이 있는가? 그들이 어딘가에서 백인 이성애 남성이라고 명시해야만 그들이 백인 이성애 남성임을 알아주는가? 그들은 명시하지 않아도 된다. '백인', '이성애', '남성'이라는 세 개의 정체성은 굳이 말해지거나 전해지지 않는다.(이런 책에서 빼고) 사회에선 이미 그것이 디폴트이기 때문이다. 백인 이성애 남성들은 동양 동성애 여성이 겪는 문제를 100% 이해할 수 없다. 그들은 이미 자신이 중심으로 흘러가는 세상에서 살아가고 있기 때문이다.

성관계 경험
있으세요?

산부인과나 여성의학과에 가서 성관계 경험 여부가 있냐
는 질문을 들어보지 않은 여성은 거의 없거나 드물 것이
다. (설령 내가 임신 가능성이나 성병 때문에 온 게 아니더라도
이 질문은 반드시 듣게 된다.) 레즈비언은 이 때마다 머리에
지진이 일어난다. 과연 이 사람이 말하는 성관계는 남자
와의 성관계일까, 여자와의 성관계일까? 거기까지 한국이
발전했나. 이런 저런 생각들에 휩싸인다. 이와 관련한 엘
모의 재밌는 일화로 이 주제를 시작해보려 한다.

엘모 성관계하다가 피가 나서 바로 다음 날에 병원에
     갔단 말이야. 좀 많이 (피가) 났단 말이야? 이제
     가자마자 당연히 "피가 났어요"하고 얘기하니
     까, 관계를 했냐고 물어보잖아. 그런데 나는 여

자랑 섹스한거니까 관계를 했다고 해야겠지? 그래서 관계했음 체크하고 피임여부에다 피임여부? 할 필요 없으니까 '무' 하고 체크하고 그런데 임신 가능성이 또 있냐는 거야. 있을 리가 없으니까 '무'에 체크하고 냈어.

은해   아악 뭐라고 생각할까. (웃음)

엘모   그 카운터 직원분이 나를 정말 조용히 다급하게 부르는 거야 '엘모님?', '네?' 이러고 달려갔거든. 되게 동공지진 된 눈빛으로 '성관계 경험이 있다고 하셨고, 피임을 안 하셨다고 하셨는데, 임신 가능성이 없다고 하셨네요?' 이러는 거야.

은해   (웃음)

　　　평소에는 이 농담에 웃을 수 있었는데, 이 책을 기획한 순간부터 지금까지 차마 편히 웃을 수가 없다. 수소문 끝에 "퀴어프랜들리하다"는 병원을 찾아갔는데도 불구하고, 정작 그 병원에서는 여성 간 성관계를 전혀 염두하지 않았던 것이다. '성관계 경험 있으세요?'라는 질문에서 추가되어 '임신 가능성'과 '피임 여부'를 물어봐 주는 것. 그저 질문이 조금 다양해졌음에 감사함을 느꼈지만 그

다지 오래가지 못했다. 결국 임신 가능성과 피임 여부는 이성애 성관계를 중심으로 둔 질문이기 때문이다. 동성 간 성관계를 하는 사람에게는 이러나저러나 결국 제자리일 뿐이다. 내가 어떤 성별의 상대방과 성관계를 가졌는지, 삽입 경험에 대한 질문은 어디에서도 들어본 적이 없다.

준희   스무 살 가을쯤 그때 처음 갔는데, 그때는 생리를 안 한지 너무 오래되서 갔는데, 그때 성관계 여부를 묻더라고. 그런데 나는 그때 되게 혼란스러웠던 게 나도 그때 딱 처음 여자 친구가 있을 때였고, 내가 성관계 여부를 뭐라고 해야 되는지 모르겠는 거야. 이게 남자랑 했다는 건지 아니면 진짜 성관계 여부인 건지 나도 모르겠어.

그 뒤로 최근에 병원에 갔는데 또 똑같은 거 물어보더라고. 성관계 유무랑 최근 성관계 유무 물어봤어. 그런데 사실 했었거든. 그때 갔을 때 최근에. (웃음) 그 사람들이 원하는 건 임신 가능성이 있는 성관계를 물어보는 거잖아.

은해   응.

준희   그래서 없다 했지. 그런데 당연히 그럴 줄 알았다는 식이었어. "최근에는 그냥 없으시죠?" "아, 네. 없어요" 그러니까 "아, 그러면 임신 가능성은 없으시네요"라고 했는데 그 사람들이 말한 건 진짜 다 남자와의 경험만을 얘기하는 거잖아. 그게 좀 그래서 되게 아이러니하다고 느꼈고 그럴 거면 임신 가능성 있는 성관계라고 하던가. 그냥 "최근에 성관계 없으시죠?"라고만 말하는 게 되게 애매하잖아.

준희는 산부인과에 두 번 방문했다. 준희는 산부인과에서 물어보는 성관계 경험 유무를 '임신 가능성이 있는 성관계'라고 판단한 뒤 없다고 대답했다. 생리가 나오지 않아 방문한 준희에게 "아 그러면 임신 가능성은 없으시네요"라고 말하는 간호사의 말은 병원에서의 성관계 경험이 남성과의 성관계만을 말하는 것이라 해석할 수 있다. (물론 여성과의 성관계만 즐기는 여성도 정자은행에서 정자를 기증받아 시험관 시술로 임신할 수 있지만, 아직 국내에서 그러한 경우는 매우 드물기에 이 가능성은 논외로 하겠다.) 그렇다면 성관계 경험 여부 질문은 임신 가능성이 있는 삽입 섹스 여부로 해석하고 대답하면 되는 걸까? 하지만 엘모와 탕수 이야기를 들어보면 병원에서의 성관계 경험 여부 질문이 무조건 임신 가능성을 의미하는 것은 아니라는 것을 알 수 있다.

은해　　너는 성관계 경험 여부에 대해 두 가지 답변을 한 경우잖아. 처음에는 없다고 했다가 나중에는 있다고 한 경우.

엘모　　그 이유가 뭐냐면 내가 없다고 하고 그 병원에서 통원치료를 받다가 글을 봤어. 애초에 산부인과에서 성관계 여부를 묻는 이유는 '내 생식기 안에 이물질이 들어가는지 안 들어가는지 여부를 보는 것이기 때문에 레즈섹스를 한 사람들도 오케이라고 대답하면 된다'는 글을 보고 그렇구나 했지.

은해　　그럼 네가 생각했던 성관계 경험 여부 질문의 의도는 '무언가를 삽입했냐?'인거야?

엘모　　이물질! 내 것이 아닌 무언가를 삽입했는가?

은해　　그 표현도 되게 묘한 게 생리컵이나 탐폰을 썼던 사람들은 어떻게 되는 거지?

엘모　　그럼 그거는 그냥 약간 뭐 과학은 잘 모르지만

인체 역학적으로 여성의 생식기에 들어가도 이물질로 인식되지 않고, 뭔가 데미지를 주지 않게 설계되었기 때문에 성관계랑 상관없다고 생각해야 하는 건가? 하기에는 손가락도 딱히 데미지를 주는 것 같진 않아.[6]

은해 하지만 그게 있잖아, 생리컵이나 탐폰을 사용해서 문제가 생기는 경우도 있잖아.

엘모 맞아. 그러니까 이게 어이가 없는 거야. 그냥 차라리 당신의 생식기에 이물질이 들어간 적이 있습니까? 이게 나을 듯. 어떤 것이 들어갔습니까? 탐폰. 여성의 손가락. (웃음)

탕수 그 성관계 유무도 물어보는데 좀 단어 선택이 나한테는 완전히 맞는 건 아니지만 그래도 성관계 유무를 물어보면서 거기에 대한 설명을 그래도 좀 덧붙여 줬거든. 상담실 안이니깐. 뭐 직접 그 검사할 때 질 안에 삽입하는 기구를 두 종류 보여줬어. 하나는 다른 하나보다 크기가 작고 가

---

6 손가락으로도 충분히 상처를 줄 수 있기 때문에 꼭 핑돔(손가락 콘돔)을 착용해야 한다. 핑돔이 없다면 콘돔을 착용해도 되고, 여성 간 섹스에서만 해당되는 일이 아니다. 성관계에서 손가락 애무를 하는 모든 경우에 핑돔 착용을 권장한다. -말 안 듣다가 질염에 걸려본 사람 올림-

벼워 보이는 기구였는데 성관계 경험이 없는 사람을 진료할 때 삽입하게 되는 거라고 했고, 그리고 다른 하나는 크기가 더 크고 쇠로 되어 있어서 조금 더 무거웠고, 이건 성관계 경험이 있는 사람 진료용이라고 설명해주더라고. 삽입의 편의를 위해 종류가 다르게 마련됐던 거 같아. 그리고 그 기구를 잡고 보여주면서 "이거는 이렇게 성관계를 할 때 이렇게? (삽입기구를 손바닥으로 감싸고 정지한 모양을 보여주는 시늉) 했어요? 아니면 이렇게 피스톤질(삽입기구를 감싼 손으로 기구 처음과 끝부분을 왔다 갔다 하는 시늉)을 했어요?" 라고 했나? 그렇게 말을 하고 이 피스톤질을 했다면 그게 약간 더 성관계를 했다고 할 수 있는 거고 그렇게 설명해 줬고.

은해 그 병원은 친절하게 설명을 이제 묘사하면서까지 해줬는데 (웃음) 뭔가 그 병원에서의 섹스 행위 범주는 그럼 피스톤질이었을까?

탕수 그것까진 내가 정확하게 이해는 못하겠더라고. 그렇다고 해도 성관계 유무를 물어보는 게 아니라 질 안에 뭔가를 삽입했다는 거에 거부감이 없다는 걸 물어봐야지 조금 더 초점이 맞는 거인데, 그니까 이게 성병 검사를 위해서라면 성관계를 확실히 정해주고 '신체접촉, 성기와 성기 간의 접촉이었다'라고 확실히 명시를 해주면 그렇게 말을 할 수 있고. 아니면 뭐 검사할 때 기구를 넣는 거에 대한 거부감을 물어보려면 뭔가 삽입을 해도 괜찮냐는 식으로 초점이 맞춰줘야 하는데 그냥 딱 성관계라고 뭉뚱그려서 말하면 조금 정확하게 못 받아들이는 것 같아.

탕수의 병원에서는 '피스톤질'을 했다는 것이 성관계에 더 적합하다는 설명을 병원에서 받았다고 한다. 준희의 병원에서는 '임신 가능성'을 확인하고자 성관계 유무를 물었다. 엘모는 '이물질 삽입 여부'를 중심으로 성관계 유무에 대답했다. 다양한 사례를 구하고자 선택한 인터뷰이들이 아니었음에도 불구하고 이 세 명 모두 각기 다르게 성관계 유무를 바라보고 대답한 경험이 있었다.

이처럼 병원에서 물어보는 성관계 경험 여부는 굉장히 포괄적이다. 그래서 어디서부터 어디까지 성관계에 포함해 대답해야 하는지 구분하기 힘들다. 준희, 엘모,

탕수가 가진 불만은 우리 모두의 불만과 동일하다.

차라리 이들의 말처럼 좀 더 구체적이고 정확하게, '임신 가능성 여부', '이물질 삽입 여부와 그 대상', '검사 기구 삽입에 대한 거부감'을 묻는다면 우리를 훨씬 더 편하게 해줄 뿐더러, 진료를 볼 때 지금보다는 훨씬 더 도움이 될 것이라 생각한다. 아무런 의학적 전문 지식이 없는 나도 이 애매한 질문을 해결할 아이디어가 떠오르는데, 그 누구도 이런 생각을 해본 적이 없는 것일까?

준희　생리주기가 불규칙해서 가면 무조건 초음파 검사를 보통 하잖아. 그런데 초음파 검사 기준이 성관계 유무로 결정이 되는 거야. 그래서 성관계 경험이 있으면 초음파 검사를 질로 하는 거고 경험이 없으면 항문으로 한다는데, 내 친구가 경험이 없어서 항문으로 한 적이 있어. 그런데 진짜 너무 너무 아팠다는 거야. 두려운 것도 있었고. 그리고 나는 일단 그때도 왜 성관계 유무로 질 초음파, 항문 초음파를 나눠야 하는지 이해가 안 가니까 "제가 성관계 경험은 없는데, 탐폰이랑 생리컵을 써서 질로 하고 싶다"라니까 그제야 해 줬어.

준희의 말대로 초음파 검사의 방법이 성관계 유무로 결정되는 것은 상식적으로 이해가 되지 않는다. 성관계가 없으면 왜 질로 검사하면 안 되는가? 성관계가 없다고 대답했음에도 탐폰이랑 생리컵을 쓴 준희는 질을 통해 검사할 수 있었다. 그렇다면 삽입 자위를 즐기지만 타인과의 성관계 경험이 없는 사람은 질을 통해 초음파 검사를 할 수 없는가? 항문 초음파에 대한 고통과 두려움만을 생각해서 이렇게 심각하게 말하는 것이 아니다. 내가 가장 우려하며 걱정하는 지점은 성관계 경험 여부를 내가 어떻게 대답하느냐에 따라서 검사 방법이 달라지고, 오진의 가능성이 생긴다는 것이다.

초음파 검사는 보통 세 가지로 나뉘는데 복부 초음파, 질 초음파, 항문 초음파이다. 복부 초음파의 정확도는 질 초음파보다 훨씬 떨어진다. 복부 초음파는 초음파가 배를 지나서, 자궁이나 난소 위에 얹어진 대장이나 소장의 가스를 지나 자궁까지 도달해야 하기 때문에 영상의 질이 매우 저하된다.[7] 그래서 그에 대한 대안책으로 성관계 경험을 하지 않은 여성에게 대개의 산부인과에서는

---

7 여러 산부인과 홈페이지에서 이에 대한 안내를 동영상, 카드뉴스, 텍스트로 다양하게 제공하고 있다. 키워드 '복부초음파'로 검색하면 쉽게 찾을 수 있다.

항문 초음파를 추천한다. 항문 초음파는 질 초음파와 정확도가 비슷하다고 이야기하지만, 문제는 우리에게 선택지가 없다는 뜻이다. 말이 '추천한다'이지, 실제로는 강요와 같다.

사과   관계가 없다고 말을 하니까 "질로는 검사를 안할 거다"라고 의사가 얘기를 했어요. 이거는 명백히 '처녀막 파손' 때문이라고 생각했고, 그래서 이제 저는 항문 초음파는 너무 무서워서 "저는 무조건 배로만 할 거다" 이런 식으로 말을 했는데, 처음에 배로 하다가 의사분이 "하, 안 보이는데 안 보이는데" 하면서 계속 약간 눈치를 주시는 거예요.

"이거 항문으로 해야 잘 보인다. 진짜 항문으로 하면 안 되겠냐" 제가 계속 "아, 저기 아무리 생각해도 항문은 하면 안 될 거 같다" 이렇게 말씀을 드리니, 그 검사를 할 때 배로 검사할 경우에는 방광에 소변이 가득 차 있어야 검사가 잘 된대요. 그래서 계속 저보고 물을 마시라고 하는 거예요. 그런데 물을 계속 마시고 거의 한시간

동안 오줌 마렵기까지 기다렸는데 그래도 이제 배로 하면 검사가 어렵다 보니까 의사분이 그럼 하지 말던가도 아니었고, 진짜 이건 부득이하게 항문으로 해야 된다, 계속 이런 식으로 저를 설득해서 이제 그 의자[8]에 앉았죠.

의자에 앉아서 하는데, 검사를 하는데 너무 막 사전 고지도 없이 "아 괜찮아, 좀 아플 거예요" 하고 이렇게 이렇게 하는데 저는 그 기분도 너무 별로였고. 그리고 이거를 그 봉을 자궁의 여러 곳을 봐야 되니까. 계속 이렇게 돌리면서 막 본단 말이야. 너무 아파 가지고, 그리고 일단은 의사분은 굉장히 좀 배려가 없다고 느꼈어요. 계속 "괜찮아요. 뭐 금방 끝나요" 이런 것도 아니고 너무 약간 "너 때문에 시간이 좀 오래 걸렸으니 빨리 하고 끝내자" 이런 뉘앙스로 계속 말씀하셔서 그때 되게 기분이 좋지 않게 나왔었죠.

계속 그 병원 밖에 나와서 이제 저희 언니가 데리러 왔는데 언니한테도 제가 계속 "아 나 진짜

---

8 '그 의자'에 관해 할 이야기가 방대해서 2부에서 자세히 다룬다.

너무 무서웠다 충격이 안 가신다" 이러면서 계
속 벌벌 떨면서 집에 갔던 기억이 있어요. 그게
가장 마지막으로 간 산부인과의 기억이에요. 질
을 통해 검사하고 싶다고 제가 분명히 중간에
말씀을 드렸거든요. "저 진짜 이거 항문은 힘들
거 같고, 차라리 질로 했으면 좋겠다. 저 상관없
다" 이런 식으로 말했는데 그냥 제 말이 아예 무
시 됐어요. 왜 그랬는지는 모르겠지만 저는 계속
"해도 괜찮다 진짜 상관없다 진짜 항문으로 하
기 싫다" 이렇게 얘기를 했는데 그냥 그거는 아
예 묵살이 되었어요.

사과는 위와 같이 질 초음파를 진행하고 싶다고
자신의 의견을 적극적으로 표출했다. 더군다나 사과는 여
성과의 성관계 경험이 있어서 삽입에 대한 거부감이 없었
다. 그럼에도 사과의 의견을 들어주는 사람은 없었다. 모
호한 질문 하나가 안 그래도 적은 여성의 선택지를 더더
욱 좁히는 결과까지 초래하게 만들었다. 사과의 사례는
여성의 몸에 대한 자기 결정권에 대한 문제로 이어지기
때문에, 그 주제는 2부에서 더 자세히 다루도록 하겠다.

사실 '성관계 경험 유무'를 어떻게 대답하느냐에 따라 바뀌는 것은 검사 방법뿐만 아니다. 가장 중요한 문제는 검사 받아야 하는 항목 자체가 아예 뒤바뀐다는 것이다.

엘모   내가 서울에 학교 근처에 살 때 질염이랑 생리불순이 너무 심해서 병원을 찾아갔던 기억이 있어. 그냥 너무 당연하게 성관계 여부 이것만 묻고 뭐 피임 여부나 임신 가능성 여부 이런 거 안 묻고 성관계 여부만 묻고 그때는 레즈섹스는 포함이 아니겠지? 하고 '무'라고 대답한 거 같아. 그거에 대해서 별 질문 없이 진단을 내리고, 질문이랑 과정도 되게 불친절하게 해주고, "성관계 경험이 없다고 하셨으니까 이거는 앞으로 뭐 이거 뭐 걱정할 거 없을 것 같고 이 검사도 안 하셔도 될 거 같아요" 하면서 어떤 검사를 할지 말지 단정 지어서 말하더라.

성적 권리와 재생산정의를 위한 센터 '셰어'에서 제공하는 정보에 의하면 "레즈비언은 세균성 질염, 유방암, 자궁내막암, 난소암의 위험성이 헤테로 여성에 비

해 높으며 유방암, 자궁내막암, 난소암의 경우에는 임신/
출산/수유에 의해 보호효과를 가진다"고 한다.[9] 그렇다면
레즈비언뿐 아니라 비출산주의 여성도 포함되어야 하는
게 맞지 않나 하는 의문이 든다. 아쉽게도 이에 대한 의학
적 연구가 얼마나 구체적이고 다양한 상황에 맞추어 진행
되었는지는 찾아보기 어려웠다. 의료진이나 연구자들은
레즈비언 섹스를 무엇이라 규정하고 연구를 진행했을까?

---

9 성적 권리와 재생산정의를 위한 센터 "셰어"라는 사이트에 게시된 이슈페이퍼 <무엇이
   든 물어보셰어 2020년 10월호: 저는 주로 여성과 성관계를 하는 여성인데요>편에 '성
   매개감염'에 대한 설명을 확인할 수 있다.

은혜	다른 사람의 사례를 얘기 해 주면서 그 분이 이
	제 성관계 경험이 있냐고 물어봐서 '여자랑 했어
	요' 라고 말했더니 '없음'에다 체크했다는 거야.
탕수	아 진짜? 쉬···. (웃음) 진짜 씨.

위 대화는 1차 설문조사를 진행했을 때 어떤 분
이 남겨주신 의견을 탕수에게 전하는 대화였다. 그렇다면
성관계, 즉 섹스 행위의 기준은 무엇일까? 탕수와 나는 헛
웃음을 지으며 분노했다. 여자랑 성관계를 했다고 말하니
'없음'에다 체크한 병원의 행동은 레즈비언 섹스는 성 경
험으로 치지 않는다는 것으로 해석된다. 심지어 레즈비언
의 섹스 행위는 '리얼real'이 아니라는 의견도 있다.

사과   퀴어 유튜버들이 뭐 퀴어가 항상 차별 받으면서 듣는 말. 이러면서 그 동성 관계는 관계가 리얼 real 관계가 아니지 않냐 이런 식으로 말을 하잖아요. 그런데 저는 사실 그런, 그렇게 말을 하는 사람들이 굉장히 적을 줄 알았어요.

그런데 제가 고3때 다니던 미술 학원 선생님이 어쩌다 얘기하다가 그런 주제가 나왔는데 굉장히 호모포빅한 그런 말을 하면서 "그거는 진짜 real 그게 아니지" 이렇게 얘기를 하는 거예요. 아니 그럼 과연 진짜는 뭘까?

꼭 그렇게 말하는 사람들 주장이 약간 그런 거 같더라. 서로가 함께 느껴야 한다. 그런데 동성간의 그거는 서로가 함께 느끼는 것이 아니니까. 아니 그 이성간 그 관계를 할 때도 얘기 찾아보면 "나는 한 번도 느끼지 못했다", "남자 친구랑 뭐 했는데 한 번도 느끼지 못했다" 이런 글도 되게 많은데 그럼 그것도 다 가짜 그거냐고요. 그래서 저는 애초에 이거를 가짜 성행위 진짜 성행위 이렇게 나누는 것도 되게 모순적이라고 생각을 해요.

사과의 미술 학원 선생님 의견이 옳다면, 졸지에 나는 섹스를 한 번도 하지 못한 사람이 된다. 이제는 입 아픈 일이 되었지만, 레즈비언은 이 지구 위에 분명히 존재한다. 레즈비언도 섹스 행위를 즐기는데 어쩌다 보니 레즈비언들은 모두 가짜가 되어버렸다.

그렇다면 도대체 섹스란 무엇인가? 무엇이 진짜고 무엇이 가짜인가? 누가 그 기준을 세웠는가? 레즈비언 섹스는 왜 섹스가 아닌가? 어디서부터 어디까지를 섹스라고 볼 것인가? 나는 심층 인터뷰에서 이것에 대해 인터뷰이들과 심도 있고 진지하게 토론해보았다. (사실 인터뷰가 아니더라도, 여성을 사랑하는 여성들과 종종 토론해보곤 한다. 매우 재미있고 다양한 견해를 들을 수 있으니 한 번쯤 독서 토론하듯이 진행해보길 바란다.)

특히 준희, 엘모, 포토와 열정적으로 이야기를 나누게 되었는데, 여성에게 늘 진심인 이들의 고뇌가 엿보이는 열렬한 토론이었다.

은해　　도대체 레즈섹스는 무엇인가. 이거 진짜 희대의 토론인 거 알지.

엘모　　난 섹스와 유사성행위의 경계를 삽입으로 나눠.

은해 그런데 이게 삽입으로 나누기에는 클리로만 서로 섹스를 하는 사람들도 있잖아. 비삽입 섹스도 섹스잖아.

포토 난 이거 사실 여자 친구랑 며칠 전에도 얘기를 했는데 '그냥 뭐가 들어갔다 나오면 아닐까?'라는 결론이 나왔어. 뭔가 이렇게 아니면 1분 32초까지만 섹스고, 그것보다 1분 31초까지 닿으면 그건 섹스가 아닌 거지, 그건 애무인거지…잘 모르겠다.

은해 그럼 섹스할 때마다 스톱워치나 타이머 켜놓고 해야 하는 거야? (웃음) 아 진짜… 그리고 사실 레즈비언이라면 들어본 빻은[10] 질문 탑으로 꼽는 게 그거잖아.

준희 레즈들은 어떻게 해? (웃음) 에타[11]에도 주기적으로 올라가는 거 같아. 그 (레즈비언)게시판에 굳이 와서 '그런데 너네는 어떻게 해?' 이렇게 물어보는 거.

---

10 부수어 가루로 만든다는 뜻의 우리말이다. 인터넷에서 '못봐줄 수준'이라는 뜻으로 쓰이고 있다.

11 '에브리타임'의 줄임말로, 각 대학별로 커뮤니티와 시간표 서비스를 제공하는 어플리케이션을 의미한다.

은해　사실 난 아직도 레즈비언 섹스는 어느 게 기준
　　　이라고 말을 못하겠어.

준희　그니까 아 (웃음) 생각을 좀 해 봤어. 사실 여남
　　　이 할 때는 남자 사정을 기준으로 하잖아. 그리
　　　고 삽입 여부. 물론 다른 것들도 치겠지. 그런데
　　　대충 말하는 성관계 여부는 그거잖아. 우리는 그
　　　럼 무엇일까 생각을 해봤는데. (정적)

은해　(웃음) 없어.

준희　손이 닿았냐? (웃음) '뭐가 닿았나'가 아닐까?
　　　그러니까 이게 입이 닿았던, 손이 닿았던 뭐가
　　　닿으면 섹스 아닐까?

은해　애매한 게 이건 조금 이제 그로테스크한 이야기
　　　인데. 고등학생 때였나 친구가 "남자친구랑 할
　　　뻔했어" 이런 거야.

준희　그럼?

은해　"그게 무슨 말이야?" 이랬더니, "삽입 전까진 다
　　　했다" 그게 할 뻔 했다는 거. 삽입을 해야만 그제
　　　야 이제 비로소 섹스를 했다는 거야. 그래서 생
　　　각을 했지. '아. 그런 건가?' 좀 구체적으로 얘기
　　　해 보면 손가락은 넣었대.

엘모   어, 잠깐만!? 어 그건 섹스인데. 아씨… 그거 섹
       스 아니라고 하면 난 평생 섹스 안 해본 사람임.

준희   우리는 그게 아니라 내가 해주고 개가 해주고
       이렇게 해야 서로 각자 한번이잖아.

은해   아 그래? (웃음) 그럼 나도 한 번도 안 해본 사람
       이 되어버리는 걸.

준희   아 물론 주기만 하는 사람도 있고, 받기만 하는
       사람도 있는데[12] 둘 다 했다고 가정을 하면 그런
       거지.

은해   이게 애매한 게 그거야. 이성애 커플 같은 경우
       는 남자의 사정을 기준으로 몇 판 했다는 걸 얘
       기하잖아. 레즈비언들한테 몇 판 했냐고 물어보
       면 너 횟수 정할 수 있어?

포토   극혐. 몇 번 해? 이게 말이 안 돼. 번? 뭐가 기준이
       지? 그냥 왕복 100번당 한 번이라고 치는 거지.

엘모   (한숨)

포토   그거 세어봐야 하는 거잖아. 87! 77! 아 나 잘못
       셌는데, 잘 모르겠지만 열 번정도 더 하면 되나?

---

12 여성 간 성관계에서 오르가슴을 주는 행위를 기버(giver) 혹은 깁, 받는 행위를 테이커
    (taker) 혹은 텍이라고 부른다.

하면서 하는 거지.

은해 　으 싫어. 스톱워치에 이어서 팔에 만보기 달고 해야겠네. 아무튼 우리는 그게 아니라 몇 시간이 잖아. '너희 보통 할 때 몇 시간 해?' 이런 식으로 얘기하지 않아?

준희 　(웃음) 야, 다들 얘기 들어보면 장난 아니야.

은해 　몇 시간으로 기준이 잡히잖아. 뭘 몇 번을 했다 가 기준이 안 잡히는거야. 그니까 뭐 어디서부터 가 섹스인지를 모르는 거지.

준희 　이런 말을 해도 되나?

은해 　응, 해봐.

준희 　아 그런데 진짜 애매하긴 하다. 그런데 내 기준 에서는 팬티 속으로 손을 넣었냐. 안넣었냐. (웃음) 그런데 또 팬티 밖으로 만졌다? 가능은 하잖아. 그래서 이게 좀 애매한 거야. 문질렀냐 안 문 질렀냐로 해야되는 건가? (웃음)

은해 　그니까 도대체 왜. 우리는 이제 이거에 대한 기준을 찾으려고 수많은 기준점을 세우고 있잖아.

준희 　맞아.

은해 　그런데 이 수많은 기준점들이 있음에도 불구하고

남성 페니스가 중심이 된 거였잖아. 여성은 그럼?

준희 그니까 이게 아이러니한 거지.

은해 그 수많은 기준점들이 있음에도 불구하고 굳이 굳이 남성 페니스 중심으로 되었다는 게.

준희 맞아. 레즈비언 커플들을 보면 삽입을 아예 안 하는 애들도 있어. 그럼 걔네는 섹스를 안 한 걸까? 아니야. 엄청 해. 그런데 걔네는 삽입을 별로 즐기지 않고 클리토리스 위주로 하는 거지. 이거 는 그럼 섹스인가?

도대체 레즈비언 섹스가 무엇일까 생각하며 수 많은 기준점을 세워보고 대입해보았다. 위의 대화 말고도 무려 두 시간이 넘어가는 동안 준희와 나는 레즈비언 섹 스가 무엇일까 고민하고 이야기했다. 우리는 끝내 답을 내릴 수 없었다. 이 질문을 사과와 탕수에게도 했지만 그 들도 명확하게 대답할 수 없었다. 기준을 세운다는 것 자 체가 불가능하다고 여겨지지만 그 수많은 기준점 중에서 도 특히 의학적으로는 남성 페니스가 섹스 행위의 기준이 되었다는 것에 우리는 분노했다. 여성의 오르가슴이 섹스 행위의 기준이 될 수는 없었던 걸까?

영화 〈거꾸로 가는 남자〉[13]에서 등장하는 성관계 장면은 우리에게 색다름을 보여준다. 여성이 섹스를 주도하고 남성은 그저 그것에 순응한다. 여성은 자신이 오르가슴을 느낀 후에 섹스를 끝낸다. 남성이 사정하지 못한 채로 성관계가 끝난 것이다. 영화 속에서 남성은 굉장히 당황하며 여성에게 이것이 끝이냐며 물어보지만, 여성은 편하게 옷을 입은 후 편안하게 잠에 빠져든다.

위 영화처럼 여성의 오르가슴이 섹스의 중심이 될 수도 있었다. 그러나 이성애 백인 남성이 지배하는 세상에서는 남성의 사정이 중심일 수밖에 없었다. 여성 역시 생물학적으로 남성 성기의 삽입 없이 오르가슴이 있는 즐거운 섹스를 할 수 있다. 이 말은, 즉 남성 성기의 삽입 없이도 즐거운 성생활을 할 수 있다는 말이다. 하지만 이 사실은 남성 중심 사회에 위협으로 작용하기에 레즈비언 성관계는 더더욱 말하기 힘든 것이다. 남성의 사정이 중심인 섹스에서 페니스가 없는 레즈비언은 중심이 될 수 없었다. 우스갯소리로 페니스의 대체품처럼 손가락이나

---

13 엘레오노르 포리아트 감독의 코미디 영화. 남성 우월주의자로 늘 여성을 폄하하며 살아온 남성 다미앵이 어느 날 갑작스러운 사고를 당하고 눈을 뜨자 여성이 지배하는 세상에서 살게 되어 혼란을 느낀다는 이야기의 프랑스 영화.

성인용품을 이야기하지만, 준희와의 마지막 대화처럼 레즈비언 커플 중에는 삽입을 전혀 하지 않고 섹스를 즐기는 커플이 존재한다.

여성의 성적 욕망은 쉽게 지워지고 사라진다. 남자아이가 조금이라도 성적 욕망을 드러내면 당연하게 여기고, 여성이 자기 욕망을 드러내면 '발랑 까진 년'이 된다. 이런 오늘날, 여성들은 과연 자신이 원하는 섹스를 하고 있을까? 지금 자신이 느끼는 성적 욕망이 온전히 자신의 것이 맞는가? 남성이 바라는 것을 자신이 원하는 것이라 믿도록 세뇌되고 길들여진 것은 아닐까? 우리는 이제 여성의 섹스와 욕망에 의문을 품고, 문제를 제기한다.

여성의 오르가슴이 섹스의 중심이 되기를 바란다.

'성관계 경험 유무'에는 오랄 섹스나 비삽입 섹스가 포함인지 아닌지, 남성 성기가 아닌 다른 것들의 삽입(ex. 손가락, 성인기구 등)도 섹스라고 할 수 있는 것인지 도통 알 수가 없다. 그래서 나는 병원에서 '성관계 경험 유무'라는 정의되지 않은 모호한 질문 하나로 모든 것을 판단하고 가려내지 않기를 바란다. 의료기관의 의사와 간호사들이 성적지향에 대한 충분한 이해를 토대로 진료시 여러 가능성을 열어두길 바란다.

굴욕의자 말고
진료의자

산부인과에 대한 방문 경험을 이야기할 때, '그 의자'에 대한 이야기를 빼놓을 수 없을 것이다. 심지어 산부인과 방문 경험이 없는 사람조차 '그 의자'가 무엇인지 이미 알고 있다. '그 의자'는 산부인과에 가면 치료 혹은 문진을 받기 위한 의자를 말한다. 아마 '굴욕의자'라는 이름이 더 많이 알려져 있을 것이다.

초점 집단 인터뷰에서도 이 '의자'가 언급되었는데, 어떤 익명 참가자는 이 의자 때문에 산부인과에 가는 것을 반대했다고 말했다. 또 다른 익명 참가자는 초음파 검사를 하기 제일 무서웠던 이유가 이 의자 때문이라고 했다. '이 의자는 굴욕의자다'라는 생각이 들기 시작한 순간부터 거기 앉으면 진짜 굴욕스럽고 치욕스러울 것 같다는 것이다. 이처럼 부여되는 이름은 상당한 힘을 가지고 있다.

검사를 용이하게 하기 위한 일종의 도구일 뿐인데 도대체 언제부터 '굴욕의자'라는 이름이 왜 붙었을까? '굴욕의자'라는 이름에 대하여 레즈비언뿐만 아니라 다양

5. '굴욕의자'에 관하여
단지 치료 혹은 문진을 받기 위한 의자에 누가 이런 이름을 붙였는가?

5-1 위에서 말한 것처럼 어머니가 '굴욕의자' 때문에 제가 산부인과에 가는 걸 반대하셨어요. 사실 우기면 갈 수도 있었지만…. 저도 저 '굴욕의자'라는 게 무서웠나봐. 명칭부터 뭔가;;
└ 검사를 용이하게 하기 위한 일종의 도구일 뿐인데 그런 이름을 붙인 사람은 대체…;; 대장내시경을 위해 항문에 내시경을 넣는 건 아무도 이상하게 생각하지 않으면서 단순히 '질'이라는 이유로 오바 쌈바육바를 떠는 게 도저히 이해가지 않습니다.

5-2 제가 가장 초음파 검사하기 무서웠던 이유가 이 굴욕의자 때문이에요. '이 의자는 굴욕의자다'라는 생각이 들기 시작한 순간부터 거기 앉으면 진짜 굴욕스러울 것 같더라고요. 사실은 그냥 진료를 하기 위한 의자인데 하도 '산부인과 가면 굴욕의자에 앉아야 한다. 수치스러움' 이런 말 많이 듣다 보니까 가기도 전에 겁먹었던 기억이 납니다. 막상 진료받을 때는 그 의자에 앉아서가 아니라 의사의 무례한 태도때문에 수치스러웠다는….

- 초점 집단 인터뷰 중 발췌

한 성적지향의 여성들과 이야기 나누고, 관련 자료를 찾아본 결과 의자 자체의 문제보다는 '다리를 벌린다'는 행위에 대한 불편함이 큰 비중을 차지하는 것으로 보인다.

사실 의자의 디자인이나 편안함은 중요하지 않다. 우리는 질과 자궁의 진료를 받기 위해 다리를 벌려야 한다. (마치 치과에 가면 입을 벌려야 하는 것처럼) 그렇다고 다리 벌리는 행위를 수치스러워하는 여성 개개인의 문제라는 말은 절대 아니다. 가장 중요하게 하고 싶은 말은, 문제는 여성의 신체에 부여된 사회적 의미 그리고 그 의미가 어디서부터 유래했는지를 알 수 없다는 사실이다.

한국에서 태어난 여자라면 반드시 한 번쯤 들어본 말이 있을 것이다. '다리를 오므려라' 혹은 '다리 벌리지 마라'. 남성 중심 가부장적 사회에서는 여성이 무엇을 입든 간에, 편하게 다리를 벌린다는 것 자체에 성적이거나 부정적인 의미를 내포한다. 다리를 벌리는 여성은 문란하고, 조신하지 못하며, 가벼운 년이라는 인식을 받으며 온갖 욕을 먹지만, 남성은 끽해야 그저 다른 사람을 배려하지 않는 '쩍벌남[14]' 타이틀만 얻을 뿐이다.

그래서 여성들이 산부인과 진료를 굴욕으로 받아들이는 것이다. 오랜 시간 여성에게 요구된 '다리 벌리지 않아야 하는' 조신한 여성에 대한 이미지는 여성이 '다리를 벌려야 가능한' 진료 자체를 두렵게 만들어 결국 기피하도록 했다.

---

14 공공장소에서 다리를 쩍 벌리고 앉아 옆 사람에게 피해를 주는 남자를 줄임말. 은어처럼 사용.

한 가지 더 화가 나는 사실을 전해주자면, '조신한' 여성이 되기 위해 다리를 모은 채 무릎을 꿇은 다소곳한 자세를 자주 취한 여성은 퇴행성 무릎 관절염이 생길 확률이 훨씬 높다. 실제로 퇴행성 무릎 관절염은 여성에게 훨씬 많다.[15] 이런 배경 때문에 여성 중에는 허벅지가 안으로 모이는 이른바 안짱다리가 많다.[16]

2019년 미국 윤리위원회에서 한 판사에게 정직 3개월을 권고했다. 그 판사는 성폭행 피해자에게 "다리를 오므렸어야 했다"고 말했다. (고작 정직 3개월이라니 필자는 저혈압이지만 고혈압으로 뒷목 잡을 수 있을 것만 같다) 한편, 2016년 한양대학교 온라인 강의에서는 믿을 수 없는 일이 일어났다. 남성이 여성에게 반지를 건네자 다리를 꼬고 있던 여성이 다리를 벌리고 있는 모습을 보여준 것이다. 과연 이 강의의 주제는 무엇이었을까? '상대의 마음과 욕망을 자극하기 위해 아이디어를 활용해야 한다'는 것이 강의 주제였다고 한다.[17]

다리를 벌리는 여성은 타인에게 자신의 몸을 마

---

15 동아사이언스 2010.05.10. "중증 퇴행성 관절염, 여성이 남성의 3.7배"
16 조선일보 2019.12.24. [김철중의 생로병사] '쩍벌남'에 대한 의학적 해석
17 일요신문 2016.05.11. " '반지 주면 다리 벌리는 여자' 한양대 강의 '여혐' 조장 논란"

음대로 다루어도 된다고 허락한 거나 마찬가지라는 발상은 정말 덜떨어진 생각이라 더 할 말도 없다. 여성이 다리를 벌린다는 건 그녀의 신체와 마음을 허락한다는 의미가 아니다. 대퇴골을 잠깐 움직이는 그 작은 몸짓이 어떻게 자신의 신체에 대한 허락을 의미하겠는가? 그럼에도 불구하고 이런 인식이 생겨난다. 그럼 지하철에 있는 수많은 쩍벌남은 자신의 신체를 만져도 된다고 허락한 건가? 생각해보면 성기가 밖으로 노출된 형태인 건 오히려 남성이니까 성기 노출을 더 조심해야 하는 건 남성들이 아닌가?

다리 오므려 앉으라는 말 하나가 자세를 통제하기 때문에 이렇게 화를 내는 게 아니다. 그 말 하나 때문에 여성들이 마음 편히 할 수 없는 일들이 얼마나 많은지 남성들은 절대 이해할 수 없다. 당연하다. 그들이 바로 여성의 행동과 활동을 통제하는 이들이기 때문이다.

그 중 대표적인 것이 요가다. 조신하고 얌전한 여성이 되라며 과격한 운동을 제지하고 '여성스러운' 운동으로 여자 아이들에겐 요가를 권한다. 나는 초등학생 때 축구부에 들어가려고 했다. 축구부는 남자 아이들이 피 터지는 가위바위보 끝에 이겨야만 갈 수 있었다. 축구부에 들어가고 싶다는 나를 친구들은커녕 선생님조차 말렸다. 괜히 오기가 든 나는 결국 축구부에 들어가긴 했지만, 여자 아이는 경기에 끼워주지 않았기에 그저 구석에서 홀로 공이나 찰 뿐이었다. 그 당시 모든 주위 어른들이 여자애가 무슨 축구 같은 걸 하냐고 했고, 중학생이 되어 요가부에 들어가자 드디어 여성스러워졌다며 모두가 좋아했던 기억이 난다.

하지만 실제로 요가를 해본 사람이라면 알겠지만, 요가는 만만한 운동이 아니다. 나는 복싱과 축구, 농구, 주짓수를 해보았지만 요가가 제일 힘들었다. 남자들이 포르노나 미디어에서 상상하는 그런 섹슈얼한 모습은 절대로 없다. 한 번이라도 요가 수업을 들어보고 그렇게 묘사하는 것인지 궁금하다. 땀 뻘뻘 흘리며 아무 말도 못하고 몸을 찢어 보아야 현실을 조금이나마 깨달을 수 있을까?

대표적인 예로 말한거지, 요가 말고 또 무엇이 있느냐고 하면 사례로 한 트럭을 가져다 놓을 수 있다. 당장 섹시 코스튬이라고 구글에 검색만 해도 교복, 승무원, 학생 체육복, 비서, 간호사 코스튬이 나온다. 굳이 불법 포르노 사이트에 들어가 보거나 섹시 코스튬을 검색하지 않아도, 인터넷 서핑을 하다 사이드에 뜨는 이상한 광고나 가짜 뉴스 혹은 배너광고에서 홍보되는 성인 웹툰들만 얼핏 지나쳐 보아도 남자들이 도대체 어느 정도까지 여성을 성적 대상화하는지 알 수 있다. 남자들이 성적으로 보는 건 너무 많아서 도무지 늘어놓을 수가 없다. 성적 대상화하지 않는 걸 말하는 게 분명히 더 빠를 것이다.[18]

가장 큰 문제는 여성의 신체에 이런 부정적, 성적인 의미가 언제부터 부여되었고, 그 의미들이 어디서부터 유래했는지 우리는 전혀 알 수 없다는 것이다. 덕분에 우리는 무엇 하나 마음 편히 할 수 없게 되었다.(대퇴골 하나 움직이는 것조차 말이다.) 남자들은 눈에 무슨 대단한 필터를 끼고 있길래 보고 싶은 대로 보고, 듣고 싶은 대로 듣는지 모르겠다. 시선과 생각의 자유를 제멋대로 누리는 남성들로 인해 여성들은 생활과 생계를 넘어서 이젠 건강까지 피해를 입고 있다.

---

18 파이낸셜뉴스 2021.09.01. "야릇한 표정에 모호한 표현…성인만화 광고 무방비 노출"
조선일보 2016.08.09. "광고는 '19금' 아니라고? '성인웹툰' 배너 청소년에게 무차별 노출"

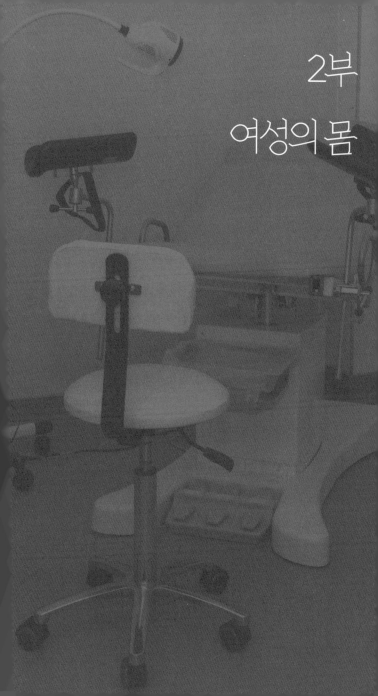

2부

여성의 몸

처녀막

각서 쓰기

준희 만약에 성관계를 한 적이 없는데 질 초음파를
받아야 하면 원래는 그걸 작성한대. 처녀막이 파
열되어도 병원에 소송하지 않겠다는 확인서를
작성한대. 그렇게 하는 병원이 있나 봐.

엘모 그니까 처녀막이 있을 경우 파열될 수 있다는
안내는 오케이. 그런데 그 동의서는 왜 쓰게 하
는 거야? '여자 순결 절대 지켜' 이런 건가? 내
순결을 왜 니들이 지킴?

은해 그런데 더 충격적인 건 내가 동의해도 안 돼. 부
모님 동의가 있어야 돼. 내가 성인이어도.

엘모 2021년 맞죠?

준희 나는 적어본 적이 없는데, 나는 그때 왜냐면 생
리컵도 쓴다고 해서 해 준 거 같거든. 그래서 이

게 성관계 경험이 없는데 그냥 질 초음파를 하면 소송에 걸리기도 한대. "진짜 소송을 해요?" 하고 물어보니까 처녀막 손상으로 소송에 걸리면 병원은 책임을 또 물어줘야 된대.

엘모   음~ 아 그럼 병원 입장에서는 생각할 수밖에 없겠네. 그런데 이제 여기서 웃긴 거 성관계를 했다고 처녀막이 무조건 파열될 거라는 보장이 있나?

포토   찢어질 게 어디 있어 없는 건데.

준희   그런데 그거 복원 수술이 또 있대. 그런데 말이 처녀막 복원 수술이지. 이제 사실 여성의 처녀막이란 건 존재하지 않고, 그냥 있는 사람도 있고 없는 사람도 있고 그냥 질 주름이잖아. 그걸 또 복원한다는 건 그냥 꼬매는 거잖아, 그냥 있는 살을.

은해   질 주름, (한숨) 제발 질 주름!

엘모   아니 이게 무슨 헛소리야? 예쁜이수술은 아는데 처녀막 복원 수술은 몰랐어. 남성 판타지 충족을 위한 수술 아니야? 어우 무슨 헛짓거리야. 무슨 말도 안 되는 장사를 하고 있어. 그런데 그게 수요가 있으니까 하는 거겠지?

포토	심지어 본인 성감이 아니라 상대의 성감을 위해서 그렇게 안을 꿰맨다는 거 자체가 너무…나 사랑니 지금 꿰맨 것만 해도 너무 잇몸이 시리고 벌써 막 파들파들 떨리는데, 요 아래 거길…질 안쪽 살을 꿰맨다는 게 말이 되냐고.
은해	(경악) 이 판타지를 가진 사람이 너무 많다는 게 충격적이야.
포토	그러니까 그걸 그쪽 뇌를 뜯어고쳐야지. 왜 내 질을 뜯어고쳐야 되냐고! 이해가 안 되네.
은해	요즘 추세로는 약간 조금 말이 안 나오긴 하지만 옛날에는 막 처음 신혼여행 가서 잤는데 피가 안 나오면 뭐 혼전 순결이 아니라면서 파혼하고 뭐 이런 얘기하고 그랬잖아.[19]

여성에게 처녀막은 섹스 경험이 한 번도 없다는 상징으로 정조의 징표처럼 사용되었다. 조선 시대에는 첫날밤에 혈흔이 없으면 파혼을 당하기도 했다는데,[20] 사실

---

19 중앙일보 1996.05.17. "처녀막 없는 신부는 벌금– 중국 우한시 혼전순결검사 의무화"
    조선일보 2017.04.05. "부인과 진찰 중 처녀성 잃은 러시아 여성, 결국 파혼까지"
20 여성신문 2017.08.08. "처녀막? NO! '여성 억압 용어 거부한다'"

과연 이게 조선 시대에만 해당하는 일인가 싶다. 비혼주의자인 나는 몰랐는데, 여성에게 워킹홀리데이나 유학 경험이 결혼정보업체에서 감점 요인인 것을 알고 있는가? 성적으로 문란하거나 처녀성을 잃었을 것이라는 게 바로 감점의 이유다.[21]

순결과 처녀성에 대한 피해로 결혼에 불이익을 받는 게 전부라면 다행일지도 모른다. 불과 몇 년 전인 2020년에 파키스탄에서는 남성과 함께 있는 동영상 때문에 (순결을 잃었다고 확신할 수도 없는) 16세, 18세 여자 아이들이 가족에 의해 총에 맞아 죽었다. 국제 명예 기반 폭력 인식 네트워크인 'HBVA (Honour Based Violence Awareness Network)'에 따르면 지금도 '명예살인'이라는 이름으로 파키스탄에서는 약 1,000건의 여성을 죽이는 살인사건이 벌어지고 있다.[22] 통계로 발표된 사례만 저 정도이고, 실제로 얼마나 많은 여성들이 죽어가고 있는지는 아무도 모른다. 이 사례가 너무 극단적이고, 현실로 와 닿지 않을 수도 있다. 아무래도 지금 한국에서 순결을 잃었다는 이

---

21 EBS 스토리 블로그 "국내 최초 젠더 토크쇼 〈까칠남녀〉 - 쩍벌녀, 좀 되면 어때?" 편 다시 보기

22 국제 명예 기반 폭력 인식 네트워크인 HBVA에서 'data'에서 벌어지고 있는 명예살인 통계를 확인할 수 있다. http://hbv-awareness.com/statistics-data/

유로 죽음에 이르는 사례가 흔하지 않으니 말이다. 그렇다면 포토의 이야기는 어떨까.

포토   고등학생이 되고 성 경험을 하고 사후피임약 처방받을 일이 좀 잦아졌어. 내가 만난 남자 친구들이 그렇게 좋은 친구들이 아니었어서 콘돔을 쓰지 않거나 이제 콘돔 쓰다가 빼거나 콘돔이 터지거나 하는 일들이 종종 발생했거든. 그런데 '어 뭐 안 생기겠지 뭐' 이러고 지나갈 순 없잖아.

그래서 사후피임약을 받은 게 한 대여섯 번은 될 거야. 몰라, 이제 내 몸에 호르몬이 어떻게 되는지 모르겠어. 이제 무서워. 대여섯 번 먹으니까 에라 모르겠다, 상태가 되긴 했지만. 어쨌든 그 사후피임약을 받으러 갈 때마다 기분이 나빴던 게 그냥 약을 처방해야 하는 상태인가 보고 처방을 해야겠다 싶으면 선생님이 처방을 해주면 끝이잖아. 꼭 한마디씩 설교를 해. 그런데 그게 되게 마음에 안 들었어.

은해   그게 어떤 상황인 줄 알고, 어쩔 수 없는 상황이었을 수도 있잖아. 되게 서로 좋아서 하다가 그렇게 됐을 수도 있는 거고. 그래서 고민을 하다가 찾았을 수도 있는 거고.

포토 내가 정말 그 사람들이 생각한 대로 발랑 까져서 '오늘 모르고 안에 싸버렸네. 아 어쩔 수 없지. 오늘도 산부인과나 가야지' 해 가지고 진짜 받아왔을 수도 있어. 어느 쪽이든 간에. 72시간 이내에 먹어야 되는 상황인가? 그러면 줘야겠다, 하고 써 주면 끝인데 그거를 말을 한마디씩 하는데. 기억에 남았던 게 뭐가 있지?

한두 번은 별말 없이 써줬고 나머지는 한마디씩 했던 거 같아. 정확히는 기억 안 나. 나도 이제 몇 년 전이니까. 그런데 사람을 이렇게 안 쳐다보고 이렇게 쳐다봐. 뭔 말인지 알겠어? 이렇게 라는 게 뭔가 말로 설명을 하자면 '어휴~' 같은 느낌. '어린 나이에 까져서…' 그래서 난 내가 들어갔는데 의사가 나를 안 보고 차트를 보다가 만 15세예요? 라고 물어보면서 나를 쳐다봐. 제가 그게 먹고 싶어서 왔겠습니까. 이게 너무 맛있고, 막 금단의 약이라서 먹으려고 '아 이게 정말 맛이 좋다던데'하면서 먹는 것도 아니잖아…

개 열받아!

은해 '좋은 게 있다고 해서 왔습니다… 숨겨 놓은 거
하나 줘보쇼' 이런 것도 아니고.

포토 아 짜증나. 진짜 무슨 아니 뭐 그 하나 처방할 때
마다 그 산부인과에 한 하루에 100만 원의 손해
를 끼친 것도 아닌데.

은해 아니 안 가면 더 문제잖아. 안가면 그냥 그때부
터 문제인데, 온 거 가지고 진짜 XX….

그래서 일단 그런 눈빛…. 비언어적 표현이 되게
크게 와 닿아서 상처가 오래가는 것 같아. 말보
다 그런 게 이미지화되어서 잊히지 않으니까. 그
게 더 싫었고, '어휴 어린데', '나이도 어린 게' 이
런 식으로 말하는 것도 되게 싫었어. 이거는 그
런데 안에 정액이 쏙 들어갔다는 것은 나 혼자
서 하는 게 아니잖아요.

포토 혼자가 아니라 누구랑 같이 하는 건데. 그 사람
은 안 오고 내가 혼자 왔으면 나 같으면 왜 남자
친구가 같이 안 왔지? 밖에 있나 이런 생각을 할
거 같은데, 의사는 그냥 어린 년이 와서 이렇게
받는 게 마음에 안드는 거야. 의사가 여자든 남

자든 간에. 성 경험 유무에 동그라미를 치기 위해서 집에서 멀리 떨어진 산부인과를 갔더니 똑같은 눈빛이 오고 이랬을 때, 되게 기분 나빴지 …. 화나지?

은해 최대한 참고 있어.

포토 웃기지 않아? 사후피임약을 다섯 번 먹었다고 그러면 그 여자에 대한 눈빛이 바뀌는데, '여자친구한테 사후피임약을 몇 번 먹여 봤니?' 이런 말은 안 물어보잖아. 노콘[23]으로 몇 번 해놓고, 자기들은 자랑이잖아. '생으로 몇 번 해봤다" '생'으로라고 하면 노콘돔이지. 어쨌든 '생으로 몇 번 해봤다. 뭐 감이 어떻더라' 이거는 자랑하면서. 나는 사후피임약 다섯 번 먹은 게 이제 집이 이렇게 된 거야. 그리고 내가 만약에 호르몬 문제가 생길 때마다 난 이제 그 생각을 하는 거지. 내가 그때 너무 많이 먹어서 그런가. 나는 생리가 뭐 1년 밀린다거나, 그러면 이제 그런 생각을 하겠지.

---

23 NO콘돔이란 뜻의 줄임말

은해 아오. 진짜 화가… 화가 진짜….

포토 그런데 요런 일로 뭔가 헤테로든 아니든 그런
     남성과의 경험이 있는 여자 친구들이랑 얘기하
     다 보면 조금 답답하면서도 안타까운 게 계속
     본인이 뭔가 잘못했기 때문이라고 생각을 해. 예
     를 들어서 내가 '남자 친구가 노콘을 하자고 해
     서 했을 때 좀 더 세게 싫다고 했어야 되는데'라
     든가. 아니면, '노콘을 하다가 아닌 것 같았을 때
     내가 뺐어야 했는데' 이런 식으로 말을 하는데
     그 상황에 그렇게 말 할 수 있는 사람이….

은해 없잖아.

포토 있을까? 나만 해도 그렇게 못 했는데.

      자신의 건강을 위해 병원에 가는 일임에도 불구
하고, 여성은 온갖 혐오와 경멸, 불편하고 수치스러운 시
선을 견뎌야만 한다. "착각 아니야? 자기망상 아냐? 요즘
에는 그런 일 없어" 혹시 이런 생각으로 이제 그런 시선
따위 존재하지 않는다고 한다면, 위 사례들과 내가 만나
서 보고 들은 여성들의 목소리는 무엇이라 설명할 것인지
궁금하다. 이처럼 환상에 불과한 순결과 처녀성에 대한

인식들은 언제부터 깊이 뿌리내린 것일까.

이 주제를 가지고 다큐멘터리 작업을 하던 중 믿을 수 없는 이야기를 들었다. 이야기를 듣고 나는 내 머리를 부수고 싶어졌다. 어떤 분의 지인 분 중 의사가 있는데, 그 의사의 딸이 넘어졌는데 성기에서 피가 났더란다. 그래서 처녀막 복원 수술을 해줘야하나 고민했다는 이야기였다. 나는 귀를 의심했다. "의사가요?" 황당해서 재차 그분에게 여쭤봤다. 의사라는 사람들이 처녀막이란 건 분명히 없다는 걸 의학적으로 배웠으면서도 그 판타지를 지켜내고자 눈물 나게 노력하는 꼬라지를 보고 있자니 화가 나다 못해 허탈해진다. 세상에 '처녀막 복원 수술'만큼 무서운 말이 있을까. 처녀막은 없다. 정확히 말해 '처녀막'이 아니라 '질 주름'이다.

남성들의 처녀막 판타지는 도무지 끝이 없다. 초점 집단 인터뷰에서 처녀막에 대한 이야기를 나눌 때 각자의 충격적인 경험들이 오고 갔다. 피가 나야만 첫 경험인 줄 아는 사람들이나, 어렸을 때 포르노를 찾아본 참가자는 포르노 목록 중 '처녀막 뚫는 야동 모음집'이란 제목을 본 적이 있다고 한다. 그것이 너무나 충격적이라서 아직도 기억에 남는다고 한다.

포토   이게 처녀막 신화라고 해야 하나? 그게 아마 그런 것에서 나오지 않았을까. 뭔가 남성이 여성한테 잘못된 삽입이나 과격한 삽입으로 인해서 피가 났는데 그게 이제, '처녀막이 있다더라' 이렇게 뭔가 딱딱하게 막혔는데 그걸 뚫으니 피가 나왔더라 이런 식으로 된 게 아닐까?

---

6. 순결과 처녀막

6-1. 순결과 처녀막 관련해서는 아직도 너무 많은 편견들이 존재하는 듯해요…. 아직도 피가 나야 첫경험한 줄 아는 사람들 많은 슬픈 현실. 그건 그냥 막 해서 질 내부에 상처가 난거라고….
└피 안 난다고 난리 부르스 하지 말고 피가 나면 걱정을 해라 제발….
└ㅜ

6-2. 지금으로부터 아주 오래전에 충격적인 야동을 본 적이 있어요, (<빡았던 과거예요. 죄송합니다) '처녀막 뚫는 야동 모음집' 대강 이런 건데 제목이 영어로 되어 있었고 (지금은 야동 안 봅니다..^^) 무슨 뜻인 줄 몰라서 그냥 들어갔었는데 내용도 충격적이었고 그런 걸로 야동까지 만드나 진짜 이런 생각이 들더라고요. 궁금해서 영어사전에 검색해봤거든요? 그 단어를 아직도 잊지를 못해요. DEFLO-RATION←능욕, 순결을 빼앗음 대충 이런 뜻… 진짜 존재하지도 않는 걸 가지고 야동까지 만들다니…그날 밥 제대로 못 먹었던 기억이 납니다…^^;;;

└ ㅁㅊ…

└ 그딴 말도 안 되는 것에 대한 판매자와 소비자가 모두 존재한다는
　사실이…여기가 바로 블랙미러다…^^;;

└ 그리고 이 단어가 존재한다는 것도 어이가 없었습니다. 제 유추지
　만… De(부정어) Flower 뭐 이렇게 결합된 단어인가…이런 생각
　들이 들었…네요. floration 뜻이 꽃과 관련된 말이거든요. '꽃이
　지다' 뭐 대충 이런 뜻이겠죠….

└ 저도 그 생각을 했는데요…. 도대체 다들 여자를 왜 그렇게나 꽃
　으로 못 바라봐서 안달들인지….

└ 몇 천년 동안 이어진 남성들의 처녀막에 대한 집착….

6-3. 순결이라는 말도 진짜 하… 성관계를 가지면 더러워지기라도
하나고요. 무슨 순결을 읽는다는 표현을 쓰냐고….

└ 교회에서 순결캔디 나눠줬다는 얘기 들으셨나요. 충격충격… 애
　기들한테 캔디 나눠주면서 순결지키라고ㅋㅋㅋ

└ 순결캔디 미쳤다ㅋㅋㅋㅋㅋㅋㅋㅋ 이름 참 큐트하네요.

└ …? 순결캔디?????????????????? 대깨쇼…진짜

└ 순결캔디 미친…그런데 순결캔디는 여자한테만 나눠주나요???
　왠지 그럴 것 같다는 생각이….

6-4 말도 안 되는 것 중 하나가 순결. 세상에 순결한 사람이 있을까요.

└ 순결 외치는 몇몇 빠른 목사들이 성범죄 저지르는 거 보면 할말하
　않….

- 초점 집단 인터뷰 중 발췌

(남성) 성기가 짧은 사람이면 잘 모르겠지만, 어쨌든 만약에 (남성 성기가) 긴 사람이면 자궁 경부에 닿을 수 있지 않을까? 그냥 닿은 건데 '그걸 뚫었더니 피나더라' 이런 식으로 뭔가 말이 변질되지 않았을까 하는 생각도 들어. 내가 옛날에 안 살아 봐서 모르겠지만….

그렇다면 처녀막은 어디서 어떻게 시작된 말일까? 처녀막의 영문 명칭인 '하이멘hymen'은 그리스 신화에 등장하는 결혼의 신 이름인 '휘멘'에서 유래했다. 하이멘의 어원은 그리스어로 처녀의 막virginal membrane을 의미한다. 공자가 편찬한 것으로 전해지는 역사서인 《춘추》의 내용을 설명하는 《춘추좌씨전》에는 '처녀處女'라는 말이 나오는데, 원래는 '올바른 여성'이라는 뜻이었다. 그러다가 1774년 출간된 《해체신서》[24]에서 처음으로 '처녀막'이라는 용어를 사용하면서 '처녀'가 '성 경험이 없는 여성'을 의미하게 되었다는 것이다.[25] 그저 성 경험이 없는 여성이

---

24 일본 에도 시대의 번역 의학서, 독일 의사 쿨무스의 《해부도보》라는 책의 네덜란드어 판인 《타펠 아나토미아》를 일본어로 중역한 것

25 《교양으로 읽는 우리 몸 사전》 최현석. 서해문집 2017.10.25

올바른 여성이라는 인식이 참으로 놀라울 뿐이다.

어원부터 문제 요소가 많은 이 단어는 무엇보다 남성들의 지배의식이 포함된 단어인 게 제일 큰 문제다. 처녀막은 여성을 순결한 처녀와 더러운 창녀로 나누어 보고자 하는 남성들의 이분법적 시각이 담겨있는 단어다. '가축 분류하듯' 여성을 성 경험 여부로 구분하려는 남성 집단의 욕망이 집약된 용어이며, 단어 자체가 인권 침해적이다.[26]

탕수   그래도 처녀막이란 단어는 쓰더라.

은해   아, 세상에.

탕수   뭐 편하니까 쓰는 것 같아. 빨리빨리 진료하고 다음 환자 받아야 되니까. 굳이 그 처녀막에 대한 단어를 설명해 주지 않는 거 같고, 그냥 질 주름이라고 하면 되지. 왜 굳이 처녀막이라고 할까. 아직까지도 사실 그게 박혀있는 변하지 않으니까 쉽게 잘 쓰지 않는 거겠지. 환자들도 질 주름이라고 하면은 못 알아들을 가능성도 있으니

---

26   79쪽 20번 각주 참고.

까. 그럼에도 확인을 해 주고 하면 참 좋겠지만.

은해   아쉽군. 바뀌어야 될 게 너무 많네.

나름 '운이 좋아서' "퀴어프렌들리한" 병원에 간 탕수도 처녀막이란 단어는 들었다고 한다. 여성의 몸을 다루는 병원인 산부인과(정확히는 여성의학과)에서 여성의 몸에 대해 잘못된 대표적 인식이자 여성 혐오적 단어인 '처녀막'을 왜 아직까지도 사용하는 것일까? 질막, 질 주름, 질 점막 등의 위치와 기능에 따라 정확한 의학적 용어들이 분명히 존재함에도 말이다. 여성의 신체에 실재하지도 않는 '처녀막'은 과연 누구를 위해 사람들의 인식에, 병원에, 여전히 사용하는 단어로 남아 있는가? 고작 남성들의 판타지를 충족시키기 위한 것이 아직도 이 세상에 남아 있다는 게 거짓말 같다. 처녀막과 첫 경험 때 혈흔이 나와야 한다는 이야기는 성에 관련한 가장 중요한 미신이라고 생각한다. 사회가 여성을 컨트롤하고 여성의 성적 욕망을 컨트롤하기 위해 만든 사실상의 거짓말이 분명하다.

은해   처녀막에 대해서는 사실 이제야 좀 논의가 좀
       많이 나오는 편이잖아. 이름 바꿔야 된다고. 뭐

특히 처녀작 이런 말 많이 쓰잖아.

엘모　　그것도 진짜 X같은 이름이잖아. 처녀작 무슨 XX. 그냥 첫 작이라고 해 첫 작품. 동정작이라는 건 없잖아.

은해　　동정작 웃기네.

　　그나마 기쁜 소식을 하나 전하자면, 국립국어원에서 발표한 2021년 2분기 표준국어대사전 정보 수정 주요 내용에 '처녀막'이 포함되어 발표되었다.[27] 처녀막의 수정 전 뜻풀이는 "처녀의 질 구멍을 부분적으로 닫고 있는, 막으로 된 주름 또는 구멍이 난 막. 파열되면 재생이 되지 않는다"였다. 수정 후에는 "질 입구 주름의 전 용어"라고 풀이했다. 처녀막이란 단어를 대신하고자 '질 입구 주름'이란 단어를 새로 추가한 것이다. 사전에 새롭게 올라온 '질 입구 주름'의 뜻은 "여성의 질 구멍을 부분적으로 닫고 있는, 막으로 된 주름 또는 구멍이 난 막"이다.

　　물론 표준국어대사전에서 단어를 수정하고 새

27　국립국어원 표준국어대사전 '2021년 2분기 표준국어대사전 정보 수정 주요 내용'에서 확인할 수 있다. 흥미로운 사실은 국립국어원 홈페이지에서 '처녀막'을 검색하면 '질 입구 주름'으로 수정하는 것에 대해 '항의'하는 게시글들을 확인할 수 있다.

단어를 추가한다고 별안간 세상에서 '처녀막'이란 단어가 사라지는 것은 아니지만, 그래도 조금씩 세상이 변화하는 것을 바라보며 희망을 얻는다.

포토 나는 엄청 어릴 때부터 삽입 자위를 했기 때문
에 되게 죄를 짓는 기분이었어. 그런데 (병원에
서) "성관계 경험 있으세요?"라고 했을 때 내가
중학교 2학년인데 여기다 대고 "제 손가락이 들
어갔다 나왔어요"라고 해야 할까…. 그런데 그
건 또 성관계도 아니네? 왜냐면 내가 배운 성관
계는 남자랑 하는 거니까, 엄마도 너무 당연하게
날 이렇게 (맑고 맑은 네가?) 쳐다보고 있었어.
'퓨어한 우리 딸~' 이런 눈빛으로 쳐다보는데,
"아뇨. 사실 저는 제 손가락을 두 개 다 넣었습니
다"라고 말할 수 없잖아.

은해 그런 거 안 되지.

포토 그러니까. 그래서 일단 전혀 내색하지 않고 "아
니요"라고 했지.

은해 어머니가 있는데 그걸 바로 옆에서 물어보네.

포토 내포된 거지. '없지?' 이런. 당연히 없을 거라는.
    '굳이 이걸 물어보지 않아도 되지만 그냥 의례상
    물어볼게. 너 안 해 봤지?' 이런 거지.

    포토의 이야기에서 알 수 있듯이, 우리는 순결함
과 처녀성에 대한 무언의 압박을 받아왔다. 나의 몸인데,
나의 것이 아니다. 여성에게만 특히 그렇다. 1부에서 사과
의 이야기를 생각해보아도 그렇다.(35쪽부터 참고) 성관계
경험이 없다고 대답했다는 이유로, 자신의 의견이 묵살된
채 강요와 압박으로 자신이 받고 싶은 방식으로 진료받지
못했다. 개인의 의견이나 취향보다 처녀막 보호가 우선된
것이다.

    여성의 의견은 왜 효력이 없을까? '처녀막 각서
쓰기' 챕터에서 말한 것처럼, 필자의 친구는 자궁경부암
검사를 위해 산부인과에 방문했다. 성관계 경험이 없던
친구에게 병원에서는 이렇게 말했다.

"성관계 경험 없으시면 검사 안 받으셔도 되는데, 받고 싶으시
면 부모님한테 동의받고 처녀막 각서 쓰세요"

오해할까봐 말하는데, 이 친구는 법적 성인이다. 처녀막 각서도 이해되지 않는데, 더군다나 부모님 동의라니. 병원에서 처녀막 각서를 받으려는 이유가 고소의 가능성이라면 너그러운 마음으로 이해해줄 수 있다. 그러나 부모님 동의라니. 성관계 경험이 없는 여성은 아직 성인 여성이 아니라는 뜻인가?

은해   처녀막 각서에서 부모님 동의를 받아 오라는 게 나의 해석으로는 '성관계를 한 여성만이 진정한 여성이다' 이런 거 아닐까, 진짜 나는 그렇게 생각했어.

포토   맞아. 이런 마인드가 사실 옛날에는 좀 있었잖아 '네가 아직 진짜 여성은 아니잖아' 이런 뉘앙스의. 남자랑 관계 안 한 사람한테.

은해   염병. 레즈비언은 다 가짜 여성이냐 그럼.

유명한 노래인 '성인식'의 가사를 대부분 알고 있을 것이다. "이제 나 여자로 태어났죠" 성관계를 가져야 비로소 여자로 태어났다는 이 가사는 아이러니하기 짝이 없다.

도대체 진짜 여성, 가짜 여성 나누기는 왜 그렇게 좋아하는 걸까. 성 경험이 없으면 가짜 여성인데 순결하고 조신한 여성이고, 성 경험이 있으면 진짜 여성이 될 수 있지만 더럽고 번잡한 여성이 된다. 어느 장단에 맞춰 주어야 하는가?

법적 성인이 된 여성조차 자신의 신체를 스스로의(본인의) 의지대로 결정할 자유가 없다. 성관계를 해야만 '진짜 성인 여성'이 되기 때문이다. 사과는 사회에서 '진짜 여성'이 아니었기에 자신의 몸을 지켜내지 못했다. 자신의 의사가 무시되었다. 이것은 사과가 '운이 나빴기' 때문이 아니다. 사회가 여성들을 그렇게 억압하고 통제하고 있다. 그러나 사회가 교묘하게 여성에게 자유가 있는 것처럼 포장하기에 대부분의 여성들은 스스로 선택할 수 있는 세상에 살고 있다고 생각한다. 여기까지 글을 읽었다면 '여성은 자신의 신체에 대해 스스로 결정을 내릴 자유가 없다'는 의견에 쉽게 동의하거나 공감할 것이다. 여성들은 살아오며 수도 없이 자신의 몸에 대한 결정권을 빼앗겨 왔다. 무엇보다 자신의 신체에 대해 가장 중요한 결정을 내려야 하는 '병원'에서조차 결정권이 빼앗겼다. 병원 중에서도 여성에게 특화된 산부인과에서조차 말이다.

자기 결정권은 기본적인 인권이지만 여성의 신체에 대한 자기 결정권은 너무나도 쉽게 지워지고 사라진다. 그러다 문득 그런 생각이 들었다. 여성의 자기 결정권이 사라졌다고 하는 게 맞는 표현인가? 애초에 그런 건 없었던 게 아니었을까? 2019년 낙태죄 헌법불합치 결정 이전에, 낙태죄가 없던 1960년대 여성들에게 자기 결정권이 있다고 볼 수 없었던 것처럼 말이다. 1960년대에는 출산 제한 정책의 일환으로 낙태 수술을 국가 주도로 적극적으로 활용했던 시기였기 때문이다.[28] 출산율이 넘쳐날 땐 낙태 수술을 적극적으로 주도하고, 출산율이 감소하자 낙태를 범죄로 들먹인다.

　　과연 여성의 자기 결정권은 사라진 걸까?

28　<인천투데이> 2017.12.26. [시론] '낙태, 그때는 괜찮고 지금은 죄?' 이 기사에 의하면 "하나씩만 낳아도 삼천리는 초만원" "덮어놓고 낳다보면 거지꼴 못 면한다" "딸 아들 구별 말고 둘만 낳아 잘 기르자"라는 표어를 기억하는 사람이 많을 거다. 가난에서 벗어나기 위해 산아제한정책을 펼친 때가 있었다. 형법에 낙태죄가 규정된 건 1953년이지만, 당시 낙태는 국책사업이었던 것이다."라고 밝혀져 있다.

자신의 몸을
모르는 여자들

"우리가 스스로에 대해 안다고 생각하는 지식은 오염됐고 남성 보편의 신화를 부채질하는 결과를 낳았다. 그것이 진실이다"

– 캐럴라인 크리아도 페레스 작가의 《보이지 않는 여자들》 중 발췌

나는 앞서 진행한 설문 결과에서 '멘붕'상태에 빠졌다. 1차 설문조사 결과에서 산부인과에 방문하지 않은 이들의 100%가 그 이유로 "갈 이유가 없어서/ 갈 필요를 못 느껴서…"라고 응답했다. 연구자는 당연히 부정적인 시선이나 부끄러움, 수치심, 공포 때문이 제일 많을 것이라 생각했다.[29] 그러나 이 결과는 충격적이었다.

---

29 실제로 한국보건사회연구원 2014년 조사에 따르면 여성 청소년의 절반 이상은 '산부인과를 가게 되면 사람들이 이상하게 생각할 것(62.3%)'이라 답했다. 성인 미혼여성들 역시 '사람들의 시선이 부담스럽다(70.8%)'고 응답하긴 했다.

다시금 마음을 다 잡고 심층 인터뷰에 들어가기 이전, 처음부터 천천히 짚어보았다. 친구와 간단하게 이야기를 나눈 녹음을 들었다.

"어렸을 땐 몰랐어. 난 건강하니까 그냥 가만히 있으면 다 나을 줄 알았어. 그러니까 문제가 있어도 이게 산부인과에 가야할 생각을 안했어. 이게 문제인지도 몰랐고"

필자가 놓치고 있는 지점이 어디인지 깨달았다. 방문하지 않은 이들의 목소리가 필요함을 절실히 느꼈다. 심층 인터뷰에서 그 답을 어느 정도는 찾을 수 있었다.

은해   보통 대부분의 사람들이 스무 살, 이십 대 때 산부인과 방문을 했다고 이야길 하거든. 그런데 나는 그게 과연 우리 생식기가 20년 동안 있었는데, 그게 이십 대 때 갑자기 문제가 생긴 게 아니잖아.

준희   맞아.

은해   그 전에도 분명히 무슨 문제가 있었을 텐데.

준희   내 예상인데 난 중학생 때 질염이 있었어.

은해   나도.

준희   그런데 안 갔어. 병원을. 그냥 방치했는데. 다행
       히 사라졌는데 안 사라졌다면 병이 진행될 수도
       있잖아. 그런데 그냥 무서웠어. 그때 중학생이었
       고 엄마한테도 말을 못 하겠는 거야. 뭔가 그냥
       그랬어. 되게 말하기가 어려웠어. 그리고 너무
       가렵고…. 가려운데 내가 잘못했다고 할까 봐.
       아니면 나를 이상하게 볼까 봐. 그런 것도 있었
       고. 사실 지금 생각하면 면역력이 약해져서, 그
       냥 그때 자연스럽게 감기처럼 왔던 건데, 그렇게
       방치했어 진짜. 방치하고 그냥 낫기만을 기다렸
       어.

준희   너무 안아키도 아니고 내 몸 안아키.[30] (웃음)

은해   나도 그랬거든. 약간 나는 그때 '내가 청결하지
       못해서'라고 생각해서 아침저녁으로 팍팍 씻었
       어.

준희   더 안 좋잖아.

은해   그래서 더 심해졌지. 그것조차도 그냥 내가 잘못

---

30 '약 안쓰고 아이 키우기' 의 줄임말

해서 라고 생각해서 뭔가 진짜 열심히…. 청소했지. (웃음)

준희　　청소하셨냐고요. (웃음)

　　준희와 나는 공통된 경험을 가지고 있었다. 바로 십 대 때 질염을 겪었다는 것. 그리고 둘 다 병원에 가지 못했다는 것. 부모님에게도 말하지 못했다는 것. 그 잘못이 오로지 나에게 있다고 생각한 것. 나는 자신이 더러워서라고 생각했고, 준희는 사람들이 자신을 이상하게 볼까봐 두려웠다. 그 당시 나는 그것이 질염인지 알 수도 없었다. 과연 준희와 나만 그랬을까? 분명 대다수의 여성들이 이러한 경험을 했으리라 생각한다. 준희의 말대로 질염은 여성에게 감기처럼 누구나 걸릴 수 있는 흔한 질환이다. 우리는 감기에 걸렸다고 죄책감이나 부끄러움을 느끼진 않는다.(요즘 코로나 시국에는 조심스러울 수 있겠지만) 하지만 질염은 여성의 성기에 생기는 질환이라 그런지 유독 여성의 죄책감, 수치심을 자극한다. 특히나 어릴 적에는 더욱 질염에 대한 정보가 공유되지 않았기 때문에 스스로가 '더럽고 청결하지 못해서' 질염에 걸렸다고 생각하는 경우가 다반사다.('청결하지 못해서'라는 생각으로 여성 청결제를 자주 쓰면 질염은 더 심해진다.)

산부인과에 방문하지 않은 이들 중에는 분명히 이런 이들도 있었을 것이다. 자신의 몸이 아파도, 이게 아픈 건지 아닌지 모르는 상태. 우리에게 질염이 무엇인지, 생리할 때 나오는 큰 덩어리들은 도대체 무엇인지, 하혈과 생리의 차이는 무엇인지, 아무도 우리에게 알려주지 않았기 때문에 여성은 자신이 아픈 줄도 모르고 살아왔다.

엘모　그런데 약간 부모님 세대가 민간요법이랑 그 다음에 인간의 자생능력을 너무 맹신하는 것 같아.

은해　그것도 있는데 약간 어린 여자애가 산부인과 간다는 인식이 우리 중고딩 때 정말 안 좋았잖아. 지금은 모르겠지만⋯. 아는 동생 이야기 들어보면 지금도 여전한 것 같더라.

엘모　그니까 나도 어렸을 때 엄마를 동반해서 갔던 거지. 내가 아마 혼자 갔으면 임신해서 온 건 줄 알고 사람들이 오해했을 껄?

은해　이게 진짜 문제지. 그리고 사실 우리 부모 세대도 똑같이 생각하는 거잖아. 어린 여자애가 산부인과 가면 안 된다. 그나마 우리가 성인 되고 인식이 많이 바뀐 거지. 우리 어릴 때 산부인과 가면 왜?? 이런 느낌이었잖아. 그런데 애들이 질염 있는 것도 잘 몰랐어.

엘모   그래. 교육을 안 해주고 정보를 모르니까 자기가 겪는 게 질염인지도 모르고, "나는 생리 전에 냉이 좀 오래 나오네" 이런 생각을 하는 거잖아 애들이.

은해   아 왜 아무도 우리한테 안 알려주지? 우리가 스스로 찾아야만.

엘모   그니까 우리가 우리끼리 정보를 공유해야만 알 수 있다는 게. 그걸 누군가에게 이야기하는 게 부끄러워야 하는 분위기라는 게 이해가 안 돼, 아직도.

은해   그 부끄러워하는 것 중 하나가 내가 더러워서라는 그런 생각을 하게 되니까 다른 여성들은 관리를 잘해서 다른 여성들은 이러지 않을 거라고 생각하고….

여성들은 개인적으로 정보를 찾고, 또 그 정보를 서로 공유하면서 겨우 자기가 겪는 질환을 알게 된다. 하지만 우리가 찾아낸 정보조차 의심을 거둘 수 없다. 왜냐하면 미디어에서 이상적으로 보이는 여성들의 이미지가 한몫하기 때문이다. 다른 여성과의 비교로 어떤 일이 만들어지는지 아는가? 여기서 말하는 '다른 여성'은 그냥 바로 내 옆자리에 앉아있는 여성이 아니라, 남성이 만들어 낸, 미디어에서 만들어진 여성이다. 미디어에서 그려지는 여성은 마르고 깨끗한 하얀 피부에, 털은 마치 원래부터 존재하지 않았던 것처럼 그려진다. 이게 미디어에서 포르노로 넘어가는 순간 문제는 더욱 심각해진다. 포르노에서 그려지는 여성의 신체가 모든 여성의 몸인 줄 알게 되는 것이다. 이 문제의 산물이 바로 '예쁜이 수술'이다.

엘모   여자애들은 눈으로 직접 직관적으로 볼 수 있는 구조가 아니라 내가 구체적으로 확인을 해야 볼 수 있는 구조잖아. 심지어 그 구조도 사람마다 다 다르게 생겼잖아. 뭐 어떤 경우에는 소음순 같은 게 쉽게 늘어나기도 하고, 비대칭도 있고… 엄청 다양한데 그런 걸 모르니까 애들이 자꾸 예쁜이 수술 알아보려고 하고, 야동에 나오는 배우들 성기만 보고 아 저게 정상적인데 내가 이상하구나 생각하고, 이게 되게 제일 심각한 문제라고 나는 생각하거든.

자신의 성기가 이상하다고 여겨 지극히 정상적인 상태의 성기를 다른 이들과 같은 모습으로 만들기 위해 수술을 자행한다. 내가 만족하려는 수술이 아니라, 오로지 내 성기를 볼지도 모를 남성을 위해서 말이다. 예쁜이 수술만 있으면 다행이겠다. 유두나 대소음순 미백 같은 성형도 존재한다. 심지어는 남성의 성감만을 위한 '질 필러'라는 것도 존재한다.

반면에 남자들은 무엇이 있는가? 포경수술 같은 경우로 살펴보면, 남성 성기는 '위생'과 '건강'의 측면에서 다루어진다. 반면 여성은 '아름다움'과 '상대방의 만족'에 초점이 맞추어져 있다는 것을 알 수 있다. 남성은 자신의 성기나 유두가 까맣고 어둡다는 이유로 미백 시술을 받는가? 자신의 성기 모양이 이상하다는 이유로 '예쁜이 수술'을 받는가? 수술이 있다고 가정하더라도,[31] 그런 광고를

---

31 남성에게도 상대방의 만족을 위해 구슬을 박는 '해바라기 수술'이 존재한다. 하지만 온 오프라인을 통틀어서 여성 광고가 훨씬 압도적으로 많다. 구글에서 해바라기 수술 검색 결과는 489,000건이고, 예쁜이 수술 검색 결과는 6,080,000건이다.

본 확률이 얼마나 될까? 여성 질 성형에 대한 광고는 차고 넘치는데 말이다.

나는 어릴 적 잘못된 경로로 접한 포르노를 보며 내 몸을 그다지 좋아하지 않았다. 화면 속 여성의 몸과 거리가 먼 몸이라고 생각했기 때문이다. 그러나 지금은 아니다. 이제야 차근차근 주변 여성들과 정보를 공유하고, 여성들만의 커뮤니티에서 대화하며 건강을 지키고자 노력한다. 가장 기본적으로 지켜야 할 건강을 위해 여성들은 이렇게나 애쓰고 있다.

산부인과 NO
여성의학과 YES

탕수 　여성의학과가 있더라고… 난 몰랐어. 그 분들이 말해 주기 전까지.

은해 　대부분의 사람들이 산부인과를 생각하지. 여성 의학과라고 찾아보진 않잖아. 그런데 이 '산부인 과'라는 이름 되게 뭔가 이상하지 않아?

탕수 　그것도 이제야 깨달았어. 그니까 옛날에 들었던 기억은 있는데, 일단 신부인과가 편하니까. 굳이 생각 안 하고 넘어갔던 거 같아. 그렇게 듣고 나 니까 산부인과라는 단어에 대한 이질감이 장난 아니다.

은해 　'산과'와 '부인과'가 합쳐진 이름인데.

탕수 　낳고 부인 (웃음).

은해 　이게 너무 어이가 없는 거임. 애를 낳은 사람이

거나 아니면 결혼한 여성이어야만 갈 수 있는 곳인 거야.

엘모　나 그럼 평생 못 가. 레즈비언은 어떻게 해요? 나 여기 있는데.

은해　이제 이런 우리 같은 레즈비언이나 뭔가 다른 여성들도 임신하지 않았어도, 산부인과 갈 일이 그렇게 많은데 이름이 아직도 여전히 산부인과로 남아 있는 게 현실이 참….

탕수　그냥 이미 사회가 남성 중심 사회라서 여성은 도대체 어디?

은해　산부인과라는 것조차도. 여성 중에서도 임신한 여성만을 위한 건데, 그것도 임신한 여성을 사실 본연적으로 말하면 임신한 여성을 위한 게 아니라 그 재생산의 결과를 더 바라는 거잖아.

포토　산부인과 리뷰 찾아보면 아기 낳는 거 관련된 좋은 리뷰가 많은데, 뭔가 '질염 치료를 했는데' 라던가 뭐 '성병 검사를 했는데' 이런 리뷰가 잘 없어. 그래서 더 모르겠어. 뭐 아기를 얼마나 잘 받아 주시는 선생님인지는 모르겠지만, 나는 상관없다고. 나는 그게 중요한 게 아니라고. 제발 나한테 필요한 정보가 있었으면 좋겠다. 이런 생각으로 항상 서치를 하지만 전혀 없지.

산부인과는 과연 여성을 위한 곳이라 할 수 있을까? 산부인과는 여성 질환보다는 출산과 임신을 중심으로 흘러간다. 2021년 구글에 '산부인과 복지/제도/혜택' 혹은 '여성질환 복지/제도/혜택'이라는 키워드로 검색한 결과를 살펴보면 출산이나 임신에 대한 의료 혜택을 받을 수 있는 국가적 제도가 꽤나 있지만, 실상은 어떠할지 전혀 알 수 없다. 여성 질환 관련하여 의료 혜택이나 제도를 경험해본 사람은 몇이나 있을지 궁금하다. 임신했을 때의 혜택이나 받을 수 있는 도움은 있지만, 막상 그 임신할 수 있는 여성의 건강은 챙겨주지 않는 게 이 나라의 현실이다.

대표적으로 자궁경부암이 그렇다. 자궁경부암 예방 주사는 보통 1회 20만 원으로 총 3회를 맞아야 해서 만만한 비용이 아니다. (최근에는 미성년자의 경우 무료로 접종할 수 있게 되었다는 기쁜 소식을 전한다. 성인은 불가하다.)[32]

---

32   대한민국 정책브리핑 2021.03.26. [국민이 말하는 정책] "자궁경부암 예방, 무료로 가능하다고?"

국내에서 매년 약 900여 명의 여성이 사망하는 아주 위험한 질병인데 이제야 예방이 가능해졌다. 그럼에도 불구하고, 성인 여성을 대상으로 국가 차원의 지원은 일절 존재하지 않는다. 2020년에는 자궁경부암 백신을 무료로 접종할 수 있게 해달라는 청원이 올라오기도 했다.[33] 물론 이에 대한 보건당국의 입장은 "검토 중이다"가 전부이다.

준희   그런데 다행스럽게도 요즘 새로 개원하는 병원들은 '여성의학과'로 이름을 많이 바꾸는 추세더라고.

은해   아직까지도 우리는 우리 몸에 문제가 있을 때 임신한 여성이 아님에도 불구하고 산부인과라는 명칭으로 병원을 찾잖아.

준희   맞아 맞아. 난 산부인이 아닌데도.

여기까지 나는 여성의학과보다 산부인과라는 단어를 써왔는데, 이제 이 '산부인과'라는 단어에도 집중할 때다. 산부인과라는 단어는 '임신, 해산, 신생아, 부인

---

33   팜뉴스 정책·법률 2020.06.08. " '돈' 없으면 자궁경부암 걸려라?"

병 따위를 다루는 의학 분야'를 뜻한다. 오로지 임산부와 기혼 여성만을 위한 의료기관이라 한정하고 있다.

실제로 많은 비혼 여성들은 이 산부인과라는 용어에서 오는 부정적 인식과 편견으로 산부인과를 가는 데 어려움을 느낀 경험이 있다. 그 근거로 한국보건사회연구원의 '가임기 여성 임신 전 출산 건강 관리지원 방안 연구'에 따르면 성인 미혼 여성 1,314명 중 81.7%, 청소년 708명 중 84%는 산부인과 방문을 꺼린다고 한다. 그중 절반 이상이 산부인과를 임신과 출산을 위해 가는 곳이라 판단했기 때문이라고 대답했다.

산부인과라는 명칭에 대한 논의가 시작된 것은 꽤 오래되었다. 2012년 대한산부인과학회는 총회에서 '여성의학과'로 명칭 변경을 의결했다. 이처럼 여성의학과로 명칭을 변경하려는 시도가 있었지만, 내과, 가정의학과, 피부과, 성형외과 등 전체적인 의료계의 반발로 무산되었다. 그런데 이 반발 이유가 매우 흥미롭다. "여성의학과로 명칭을 변경할 경우 다른 과 병원의 여성 환자 수가 줄어들 것이 걱정"이란다.[34] 결국 자본 때문이다. 자본이 먼저

---

34   여성신문 사회 2016.02.15. "일제강점기에 만든 명칭 '산부인과' 왜 아직까지?"

일까, 국민의 건강권이 먼저일까? 의료계는 자본을 선택했다.

그래도 하나의 희망처럼 최근에 또다시 법안이 발의되었다. 2020년 7월 30일 국회 보건복지위원회의 최혜영 의원은 '산부인과'를 '여성의학과'로 변경해달라는 내용의 법안을 발의했다. 그 상세 내용으로는 명칭 때문에 국민 대다수가 산부인과를 임산부와 기혼 여성만을 위한 곳으로 잘못 인식하며, 여성 질환이 있는 사람이라면 누구나 자유롭게 전문 의료기관에 방문하도록 해야 한다는 것이다. 주체인 여성을 강조한 여성의학과에 대한 개정은 여성들이 자신의 건강권을 지키는 데 큰 힘이 될 것이다.

사과   저 사실 그때 인터뷰 진행하면서 이거 처음 알았어요. 제가 그때 이거 시트 쓸 때도 얘기했었지만, 저는 여성의학과가 존재하는지를 몰랐고, 그리고 인터뷰 준비하면서 산부인과가 이제 산과, 부인과의 합친 말이다. 이것도 제가 그때 처음 찾아봐서 알게 된 거였거든요. 저는 그냥 자궁에 문제 생기면 가는 곳이 그냥 무조건 산부인과라고 생각했었어요.

은해   그런데 이거에 대해서 이제 어떤 분이 약간 자기가 무식해서 몰랐다고 했나 아무튼.

사과   그게 저예요. (웃음)

은해   오, 세상에. 진짜 하고 싶었던 말이 그건 무식하거나 멍청해서가 아니라 대부분의 여성들이 몰랐어요. 이건 뭔가 여성들이 멍청해서가 아니라 이 사회가, 아무도 알려주지 않았고, 애초에 산부인과라는 이름이 잘못된 건데…. 그렇게 생각하지 말라고 말해주고 싶었어요.

사과   저는 인터뷰하면서 알게 되는 게 많아서 사실 그런 일들이 일어나고 있는지 전혀 몰랐거든요. 제가 여성의학과가 존재하는지 몰랐던 것도 조금 충격이었고, 말씀해 주신 거 생각해보니까 정말 아무도 가르쳐 준 적이 없는 거예요. 그리고 더 크게 봤을 때 제가 학교에서 배운 교육이나 어디에서 배운 교육 중에 이제 어디가 아플 때는 어디를 가야 한다고 구체적으로 배운 적이 한 번도 없었어요. 그래서 저도 크고 나서 비뇨기과가 여성도 가도 되는 줄 몰랐었고 그냥 남자만 가는 곳이다. 산부인과는 여자만 가는데다, 이렇게만 알고 있었고. 그런 뭔가 우리의 몸에 대한 가장 중요한 교육이 되게 잘 이루어지고 있지 않은 거 같아서….

초점 집단 익명 인터뷰를 진행할 때 '산부인과'

라는 명칭의 문제점에 대하여 누군가 자신은 무식해서 잘 몰랐다고 답변했다. 철저하게 익명으로 진행된 만큼 그렇게 대답한 사람이 누구인지 예측할 수 없었다. 사과와의 심층 인터뷰에서야 그 대답을 한 사람이 사과라는 것을 알 수 있었다.

정말 마음이 찢어졌다. 꼭 말해주고 싶었다. 당신의 잘못이 아니라고. 당신이 무식해서 몰랐던 것이 아니라고. 아무도, 아무것도 가르쳐주지 않은 이 사회가 문제라고. 우연이지만 다행스럽게도 내가 하고 싶은 말을 사과에게 전달할 수 있었다.

여성들은 이렇게 서로 다리가 되어 이야기를 주고받고 정보를 공유하며 생존해나간다. 그리고 생존을 위해 온라인이 아닌 오프라인까지 발을 뻗은 사람이 있다. 준희다.

준희　　나는 어디에 가서 어떻게 말을 해야 할까 제대로 말을 해도 되는 건지 헷갈리는데 내가 간호사분이나 의사분께 여쭤볼 순 없잖아. 그런데 여자랑 한 것도 포함되냐는 게 질문은 생각할 수 있는데, 이거 입 밖으로 내는 게 쉽지 않잖아.

자궁경부암 바이러스가 그냥 성관계 말고 손가락이랑 오랄섹스로도 옮을 수 있다는 거야. 그래서 레즈비언도 검사를 받아야 된다고 하더라. 그런데 나도 처음에 성관계 유무를 어떻게 판단해야 될지 몰라서 레즈비언 커뮤니티 같은 데서 물어보고, 주변에서 레즈 친구한테도 물어봤는데 단 한 명도 제대로 대답해주는 애가 없었어. 왜냐하면 다들 카더라니까. "아니 어디서는 그렇다더라", "나 아는 레즈 언니는 여자랑만 했는데 걸렸다" 아니면 "나 아는 레즈 언니는 평소에 여자랑만 해서 한 번도 검사 안 하고 그런 거 맞지도 않고 너무 잘살고 있다". 진짜 구전으로 설화처럼 말에서 말로 전해져 오는 확실한 정보가 없어서 되게 답답했거든.

아무도 말해주지 않은 것도 충격이었어. 그런데 내가 진짜 정보를 얻기 위해서 인터넷도 아니고 세미나를 직접 가야만 알 수 있다는 게, 너무 정보가 한정적이다? 정보가 없어. 그냥 전무해. 그런데 그래서 내가 그게 궁금한 거야. 이런 정보는 왜 인터넷에도 없고 찾아봐도 없고 이렇게

전문가랑 얘기해야만 알 수 있냐고 물어봤어. 그
러니까 그 간호사분들이 산부인과 측에서도 이
런 거를 말하는 걸 원치 않는데.

은해   왜?

준희   왜냐하면 가시화되면 안 되는 존재니까. 우리는
보여서는 안 되는 거야.

준희는 일명 '카더라' 정보를 얻는 것이 답답하
여 '진짜 정보'를 얻기 위해 세미나에 가서 의료진을 만났
다. 세미나에서의 내용은 준희에게 큰 도움이 되었고, 준
희는 나에게 자궁경부암과 성병에 대한 구체적이고 자세
한 정보를 전했다. 나도 이 정보를 통해 새롭게 알게 된
것이 많았다.

　　준희의 답답함은 의문으로 이어졌다. 그래서 준
희는 세미나에서 목소리를 내었다. 왜 이런 정보들은 이
렇게 직접 발을 뻗어야만 알 수 있는 것일까? 준희의 이
야기를 들으며 나도 덩달아 궁금해졌다. 그러게. 그렇게
대답해줄 수 있는 거면 누구라도 찾으면 볼 수 있도록 정
보를 공개할 수 있는 거 아닌가? 이 질문에 돌아온 대답
은 레즈비언으로서 처절하게 무너지는 경험이었다.

이 사회에서 레즈비언은 보여서는 안 되는, 가시화되면 안 되는 존재이다. 존재하면 안 되는 존재로 살아가야 한다니, 레즈비언의 생존은 왜 이리 힘들고, 보이지 않을까. 그 의문의 근본을 마주하니 힘이 빠진다. 맨 처음 '산부인과'를 주제로 정하고 글의 방향을 생각할 때 고민이 참 많았다. 여성의 이야기를 하되, 이성애자 여성보다는 레즈비언 여성의 이야기를 중심으로 다루고 싶었다. 그리고 내 선택이 틀리지 않았음을 알았다. 이렇게 알고 싶지는 않았지만 말이다. 1차 설문조사 항목에서 '마지막으로 하고 싶은 말' 항목이 있었다. 누군가 "레즈비언 가시화 응원합니다"라고 응답해줬다.

맨 처음에는 작은 웃음이었다. 그래, 이게 레즈비언 가시화에 한몫하는구나. 내가 이 책을 쓰는 이유가 여기에 있구나. 그리고 준희의 말을 들으며 결심했다. 너희들이 그렇게 우리를 숨기겠다면, 우리를 감추겠다면, 내가 더 목소리를 내겠다. 우리가 더 소리 지르고 소동을 일으키겠다! 이 책을 쓰고, 여러 텍스트를 읽으며 메모장에 두고두고 본 문장이 있다.

"여자들의 이야기는 눈송이처럼 소리 없이 땅을 적시고, 땅의 무례한 온도를 낮추다가, 어느 순간 눈에 띄게 쌓이면서 세상의 풍경을 변화시킨다"

– 안미선 《당신의 말을 내가 들었다》 중에서

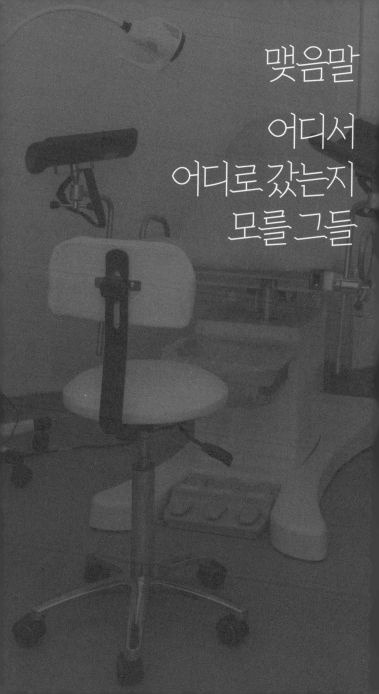

맺음말

어디서
어디로 갔는지
모를 그들

고민도 대화도 정보도,
솔직하고 정확하게 나누고 싶어서

은해　　야, 솔직히 레즈섹스 이렇게 토론하고, 적나라하
　　　　게 말하는 책 누가 냈겠냐….[35] 별로 없을 걸….
　　　　나 이제 책 냈다고 엄마 아빠한테 말도 못 하고,
　　　　이제 이 커리어로 어디 가지도 못해. '학교 다니
　　　　실 때 뭐하셨어요?', '저 레즈비언 얘기만 하고
　　　　…' 그런데 이 이야기를 아직도 아무도 안 썼다
　　　　는 게 믿기지 않아.

　　　　책을 출판하기까지 참 많은 고민을 했다. 정말
이 내용을 세상에 내놓아도 괜찮은 걸까? 사실 가장 큰
걱정은 '나는 괜찮을까?'였다. 이 책을 썼다는 게 앞으로

35　한채윤 저자의 《여자들의 섹스북》이 존재한다.

나를 괴롭히지는 않을까. 커밍아웃이란 큰 용기가 필요한 일인데, 나는 대대적 커밍아웃을 하는 셈이니 말이다. 하지만 다양한 여성들을 자주 만나고, 이 이야기를 들여다볼수록 '해야겠구나'라는 생각을 했다.

준희　이제야. 성인이 되고 이런 네트워크가 조금 생기고 서로가 서로를 찾잖아. 그렇게 되고 나서야 나 혼자만 있었던 게 아니었구나를 알게 돼서 좀 나 자신을 더 찾은 기분이야. 이걸 볼 사람들도 그런 감정을 느끼지 않았을까? 나 혼자만 이런 일이 있네? 라고 생각을 했는데 이런 거 찾아보면 아 나만 이런 일이 있었던 게 아니구나라는 생각으로 좀 안도를 할 수 있을 거 같아.

은해　그래, 우리 레즈비언 파이팅!

준희　진짜 오래 살자, 오래 살아서 오십 대, 육십 대 레즈들이 어떻게 됐는지 우리가 진짜 한번 보여주자. 지금 어디서 어디로 갔는지 모른 그들을 우리가 돼 보는 거지.

준희가 인터뷰를 끝내며 한 말이다. 책을 읽는

이들도 그리 생각하였으면 한다. 여기에는 단순히 네 명의 레즈비언과 한 명의 바이섹슈얼만의 이야기가 담긴 게 아니다. 설문조사와 초점 집단 인터뷰에서 더 많은 레즈비언들이 응해줬고, 원고를 쓰는 과정에서 생긴 고민을 함께해준 더 많은 레즈비언들이 있다. 다양한 여성의 이야기가 한 곳에 모였다.

여성의 불편함은 그저 개인의 일로 무시되고 사라지도록 사회는 열심히 포장해왔다. 공적인 일이 아니라 사적인 일, 개인적인 일이라는 이유다. 이런 식으로 아주 오랫동안 여성의 목소리와 존재를 지우고 감춰왔다. 여태까지의 역사에서 얼마나 많은 여성이 배제되어왔는가. 여성의 목소리는 사회가 아무리 덮으려 한들 절대 사라지지 않는다. 뭉개지고 짓밟힌 목소리들은 어딘가를 돌고 돌아 세상 밖으로 하나둘 나오고 있다.

누군가의 목소리, 즉 이야기는 꽤 큰 무기이다. 예를 들어, 전쟁의 공포를 느끼도록 하는 수단으로 시각적 이미지를 사용할 때, 그 충격은 정말 일시적이다. 그러나 이야기의 생생함은 시간이 지나도 오래도록 우리 머릿속에 뿌리 내려 자리 잡는다.

이것이 진짜 공포이자 두려움이다.

사회가 아무리 여성의 목소리를 지우려 한들 여성의 목소리는 나올 수밖에 없다. 덮어놓고 모른 척하고 살기에는 그 양이 너무 방대하기 때문이다. 여성은 절대 혼자가 아니다. 여성들의 이야기는 모두 하나로 연결되어 있다. 여성들아! 레즈비언들아! 오래 살자! 오래 살아서 어디서 어디로 갔는지 모를 그들이 되어 우리의 존재를 드러내자!

나는 오로지 통계와 숫자만이 세상을 나타내고 보여준다고 믿어왔다. 그리고 그 사실이 거짓임을 알았을 때, 갈 곳을 잃었다. 나는 세상을 무엇으로 바라보아야 하는지 전혀 알 수 없었고, 혼란스러웠다. 그러다 강보라 교수님의 수업에서 내 희망을 발견했다. 그 수업에서 나는 사람의 말을 듣고 기록하는 법을 배웠다. 이보다 수많은 것들을 배웠지만, 아직 내 그릇이 부족해 나열할 수가 없다. 내가 사람의 말을 듣고, 기록하는 사람이 될 수 있도록 도움을 주신 강보라 교수님께 무한한 감사의 말을 전합니다.

그리고, 같은 주제를 다큐멘터리로 다룬 〈톡톡 깨도 돼?〉를 지도해주신 이창민 교수님께 감사의 말을 전합니다. 주제를 더 풍성하고 깊이 들어갈 수 있도록 해주신 말씀 외에도, 교수님의 여러 따뜻한 조언과 격려의 말이 지금도 마음에 남아 있습니다. 여러 일들이 생겨 많이 지칠 때 큰 힘이 되어주곤 합니다. 정말 감사합니다.

이 주제에 관심을 가진 순간부터 지금까지, 짧은 시간이 아니었다. 참 많은 이들이 자신의 이야기를 꺼내

내게 말해주었다. 그 많은 이들의 이름을 부를 수 있다면 좋겠지만, 책의 특성상 마음 편히 부를 수 없다는 것이 속상할 뿐이다. '나인가?', '나는 아니겠지?' 생각한다면 바로 당신이 맞다. 나는 참 운이 없는 사람이라 생각해왔는데, 떠오르는 이들이 많은 걸 보아하니 잘 살아왔구나 싶다. 모두 감사합니다!

그리고 이프북스 출판사와 조박선영 편집장님께도 감사의 말을 전하고 싶다. 편집장님 덕에 많은 오류가 교정되었고, 문장도 훨씬 좋아졌다. 내가 쓸 때는 눈에 보이지 않던 것들을 꼼꼼하고 세심하게 다 잡아 주셨다. 또한 책을 쓰며 개인적인 사정으로 힘든 일이 있어 진행이 더디게 될 때 건네주신 위로의 말이 저를 다시 일으켜 주었습니다. 감사합니다.

마지막으로, 부모님께 (내가 이 책을 건넬 수 있을진 잘 모르겠지만) 딸 처음으로 책 낸다고 자랑하고 싶다. 엄마, 아빠, 토토[36] 사랑해! 나 여자 좋아해!

---

36   할머니 강아지다. 굉장히 귀엽게 생겼고, 내 가족이다.

참고자료

책

페미니즘을 퀴어링 (2018) 미미 미라누치 지음

보이지 않는 여자들 (2020) 캐럴라인 크리아도 페레스 지음

여자들의 섹스북 (2019) 한채윤 지음

당신의 말을 내가 들었다 (2020) 안미선 지음

어쩌면 이상한 몸 (2018) 장애공감여성 지음

영상

〈거꾸로 가는 남자〉 (2018) 엘레오노르 포리아트 감독

연구보고서

가임기 여성 임신 전 출산건강 관리지원 방안 연구(2014)
한국보건사회연구원

전국 여성의·병원 리스트

★인터넷 상담 가능한 곳

대한여성성의학회
http://www.kwsh.co.kr/

대한산부인과의사회
http://www.wisewoman.co.kr

우리동네 산부인과 〈우리동산〉
@wooridongsan

서울	강남구	연세펠리체 여성의원
		미사랑 여성의원
		강남에스엠 여성의원
		논현 여성의원
		로즈 여성의원
		리에스 여성의원
		소문난 여성의원
		쉐라 여성의원
		에스제이 여성의원
		예다 여성의원
		초이스 여성의원
		트리니티 여성의원
		대치성모 여성의원
		쉬즈굿 여성의원
		연세W 여성의원
		엠 여성의원
		청담봄 여성의원
		아이미 여성의원
		압구정유진 여성의원
		엘로이 여성의원
		우아한 여성의원
		청담서울 여성외과의원
		티파니 여성비뇨의학과의원
		헤스티아 여성의원
		호산 여성병원
		강남차 여성병원

	그녀의정원드라마 여성의원
	네오유 여성비뇨기과의원
	루쎄 여성의원
	리디아 여성의원
	미즈러브 여성비뇨의학과의원
	에스 여성의원
	유로진 여성의원
	신소애 여성의원
강동구	고은빛 여성병원
	강동미즈 여성병원
	서울아이앤 여성의원
강서구	유광사 여성병원
관악구	미래드림 여성병원
광진구	연세허브 여성의원
	워커힐 여성의원
	그대의봄 여성의원
	프리마 여성의원
	김숙희 여성의원
	제니 여성의원
구로구	연세사랑모아 여성병원
	삼성미래 여성병원
노원구	메디아이 여성병원
	에비뉴 여성의원
동대문구	뮤 여성의원
	빛나는 여성의원
	나은 여성의원
	린 여성병원
	유진 여성의원

마포구	연세위더스의원
	서울라헬 여성의원
	제이랑 여성의원
	아마존 여성의원
	루나 여성의원
서대문구	제이 여성병원
	미즈앤미 여성의원
	나남 여성의원
서초구	백지영 여성의원
	삼성수 여성의원
	이쁜 여성의원
	플로체 여성의원
	아테나 여성의원
	강남모아 여성의원
	고은 여성의원
	노블스 여성의원
	위즈미 여성의원
	큐라인 여성의원
	함춘 여성의원
	한현주 여성의원
	강남에이치 여성의원
송파구	미쉘 여성의원
	닥터오즈 여성의원
	미래연 여성의원
	서울삼성 여성의원
	디제이 여성의원
	사랑아이 여성의원
	퀸스 여성의원

		민트병원
	양천구	포미즈 여성병원
		목동제일 여성병원
	은평구	살림의원
		삼성레이디 여성의원
		로쉬 여성의원
		이 로여성의원
	의정부	신 여성병원
	종로구	미즈 여성의원
	중구	더드림 여성병원
		성광의료재단 차 여성의원
	중랑구	장스 여성병원
		와이즈 여성상담의
		미애로 여성의원
		장스 여성의원
		오킴스 여성의원
경기도	수원	수 여성병원
	김포	나리 여성병원
		서울 여성병원
		고운 여성병원
		한사랑 여성의원
		초앤유 여성병원
	성남	분당제일여 성병원
		나무 여성의원
		곽 여성병원
		베일러이화 여성병원
		정다운 여성의원
		메디원 여성의원

수원	에덴메디 여성병원
	세인트마리 여성병원
	시온 여성병원
	강남 여성병원
	수 여성병원
안산	우성 여성병원
	한빛 여성병원
	세인트파크 여성의원
안양	이기철 여성의원
양주	나무정원 여성병원
의정부	우먼피아 여성병원
이천	마리아 여성의학센터
인천 계양구	엠엔비 여성의원
미추홀구	W 여성병원
부평구	새봄 여성병원
서구	청라 여성병원
부천	서울 여성의원
	초앤유 여성병원
	한사랑 여성의원
	고운 여성병원
연수구	송도 여성의원
대전 서구	대전W 여성의원
	설 여성의원
	미애로 여성의원
	벨라쥬 여성의원
	리라산부인과 여성의원
	선사 여성의원
	아름다운 여성의원

		더블유 여성병원
		라벨라 여성의원
		청담퀸 여성의원(내과)
		미즈 여성병원
		미래 여성병원
		서울 여성병원
	유성구	유성언니 여성의원
		아리따운 여성의원
		미즈제일 여성병원
세종시		미애로 여성의원
		트리니움 여성병원
전북	전주	소피아 여성의원
광주	광산구	비쥬 여성의원
	광산구	첨단미즈 여성의원
		그레이스 여성의원
		W 여성병원
	북구	문화 여성병원
		리움 여성의원
		빛고을 여성병원
	서구	아름다운 여성의원
		보라 여성의원
		인성 여성의원
	남구	러브미 여성의원
		애경 여성의원
		스텔라 여성의원
		엘 여성의원
		그린 여성의원
	동구	미즈유로 여성의원

자모스프링 여성의원

부산 북구 마리안 여성의원
염정인 여성의원
최미영 여성의원

남구 마리 여성의원
민현주 여성의원

동래구 좋은날에드라마 여성병원
본베베 여성의원
동래미래로 여성의원

해운대구 제일 여성병원
메디우먼 여성의원
이브앤아담 여성의원
플로라 여성의원
미즈포유 여성의원
센텀희 여성의원
센텀이룸 여성의원
새아 여성의원
예화인 여성의원
퀸즈파크 여성의원

수영구 수영 여성의원
쉬즈본 여성의원
광안자모병원
한나 여성아이병원

기장군 미사랑 여성의원

부산진구 리오라 여성의원
글로리 여성의원
루이송 여성의원
리즈인 여성의원

	연제구	위대한탄생 여성병원
경남	김해	프라임 여성의원
		강춘화 여성의원
		우리 여성병원
	거제	엘르메디 여성의원
		리움 여성의원
		미즈맘 여성의원
		오 여성의원
		아름 여성의원
	양산	에델 여성의원
		조혜진 여성의원
		백윤지 여성의원
	진주	미즈 여성의원
		라인 여성의원
		진주미래 여성병원
	창원	한서 여성의원
		미즈 여성의원
		혜윰 여성의원
		맘편한 여성의원
		모란 여성병원
		참 여성병원
	사천	청아 여성의원
	하동	하동군민 여성의원
경북	포항	제니스 여성의원
		수성S 여성의원
		윤혜원 여성의원
		메디컬닥터스 유웰 여성의원
		웰 여성의원

		아침별남부 여성의원
		여성아이병원
		포항 여성병원
	구미	삼성서울 여성의원
	안동	리즈미 여성의원
		우리 여성의원
	김천	아름 여성의원
	경산	맘스 여성의원
		삼성연합 여성의원
		마미안 여성병원
대구	중구	로즈웰 여성의원
		클레오 여성의원
		시티 여성의원
		솜씨있는 여성의원
		대구차 여성의원
		와이레이디의원
	수성구	르네 여성의원
		이홍주 여성의원
		소피마르소 여성의원
		권정희제이 여성의원
		고려 여성의원
		여성메디파크병원
		파티마 여성병원
		더블유 여성병원
	북구	시티 여성의원
		예일산부인과 여성의원
	달서구	미 여성의원
		오해일 여성의원

여성아이병원

미래 여성병원

달서 여성메디파크병원

성모 여성병원

제주	제주시	로즈앤의원
		제이 여성의원
		88 여성의원

일러두기

위 리스트는 '여성의원'을 키워드로 검색포탈사이트에서 검색한 결과로 만들었습니다. '산부인과' 진료를 하는 모든 여성의원과 여성병원을 포함했습니다.

레즈비언의 산부인과

초판 1쇄 인쇄 2022년 6월 28일
초판 1쇄 발행 2022년 7월 07일

지은이 | 이은해
펴낸이 | 유숙열
책임편집 | 조박선영
교정 | 이미현
디자인 | 박영정
마케팅 | 김영란
제작출력 | 교보피앤비

펴낸 곳 | 이프북스 ifbooks
등록 | 2017년 4월 25일 제2018-000108
주소 | 서울 은평구 연서로71 살림이5층
전화 | 02-387-3432   **팩스** | 02-3157-1508
페이스북 페이지 | www.facebook.com/ifbooks
인스타그램 | @if_book_s
홈페이지 | www.ifbooks.co.kr

ISBN 979-11-90390-25-5 (03330)